# 「危ない」世界の歩き方

岡本まい

How to walk
Dangerous World
Text by
Mai Okamoto

彩図社

# まえがき

世界は魅力で溢れている。

しかし、それと同じぐらい危険があることも忘れてはいけない。

私はこれまでアジア、アフリカ、中南米、ヨーロッパなどを旅してきたが、最近、ジャマイカにハマっている。そしてこのジャマイカは海外の魅力と危険を分かりやすい形で併せ持っている国だと思う。

ジャマイカは世界でも有数の治安の悪い国と言われている。

街を歩くと、ドラッグでおかしくなったジャンキーがいたり、ギャング同士の銃撃戦、殺人などの凶悪事件も多い。

詳しくは本文の中で書いたが、私自身もカメラを盗まれたり、イベント会場での銃撃戦に巻き込まれたことがある。それはジャマイカでは珍しくもなんともない。

では、なぜ、そんな国に通うかといえば、危険以上に楽しいことがあるからだ。

とにかく日本にいては考えられないようなことがある。海に遊びにいくと、ビーチに5、6人のジャマイカ人がいて、なぜか全員がシャワーキャップをかぶっていたり、散歩中に声をかけられて振り向くと、そこには髪の毛から服、靴、爪にいたるまで全身ピンクのオシャレなおばさんが立っていたりする。道端ではノラ牛が轢かれて倒れていて、かと思えば、木につるしてヤギの解体をやっている。

街全体がギャグみたいで、いつまで経っても飽きることはない。

しかし、この「楽しさ」を味わうためには、それなりの「準備」をしなければならない。これはジャマイカに限ったことではなく、どの国に行くにしても、それぞれに合わせた危機回避の手段を講じるべきだろう。

私はジャマイカでは携帯電話を持つようにしている。ジャマイカは携帯の普及率が高く、それを通じて友達が増えるからだ。

そして、これは緊急事態の連絡にも役立っている。

ジャマイカでは時折、大規模の抗争が繰り広げられる。そういうとき友人から電話がかかってきて、その地域には行かないほうがいいと教えてくれる。実際に私はこの電話で何度も助けられている。

治安が悪いからといって部屋にこもっていてはつまらない。危ないことが分かっているなら、どうすればそれを回避できるかを考えることで、思う存分、遊び回ることができるのだ。だから私はジャマイカでは携帯電話を活用している。

そもそも、海外の「魅力」にしても「危険」にしても、それは私たちの生活と「違っている」

からこそ、生まれているものだと思う。旅をするということは自分の知らない習慣に飛び込んでいくようなものだ。そこで触れる「違い」が、あるときは「魅力」になり、またあるときは「危険」になるのだろう。

だから、魅力だけを求めても、その国は見えにくくなるのだと思う。また、危険ばかりにとらわれていては、その国を楽しむことができなくなる。その合間をうまく縫い、人と人とのつながりを持つことが、世界を楽しみながら歩くコツだと思う。

この本には私が旅先で経験した危ない出来事や、当たり前のパック旅行をしていたら絶対に味わうことのできない経験などを書いた。また、私自身が女ということもあり、女バックパッカーならではの苦悩なども記したので、そのあたりにも注目して読んでもらえると嬉しい。

最後に一言、旅行前に必ず「危険だからやめておいたら」と注意してくれる人がいるが、こんなに面白いもの、やめろっていう方が無理なのだ。

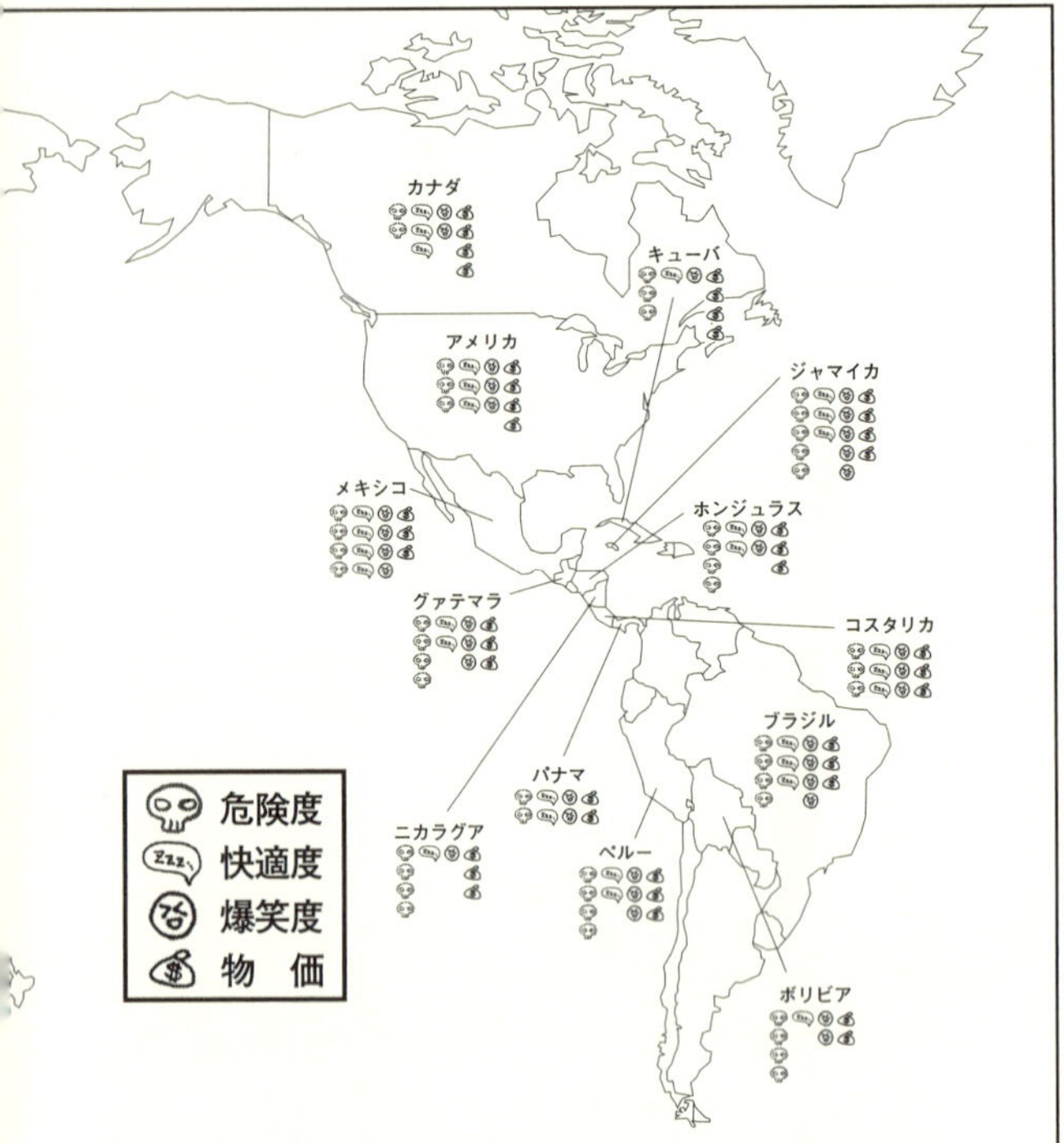


### 著者オカマイの独断による

# 世界歩きやすさマップ

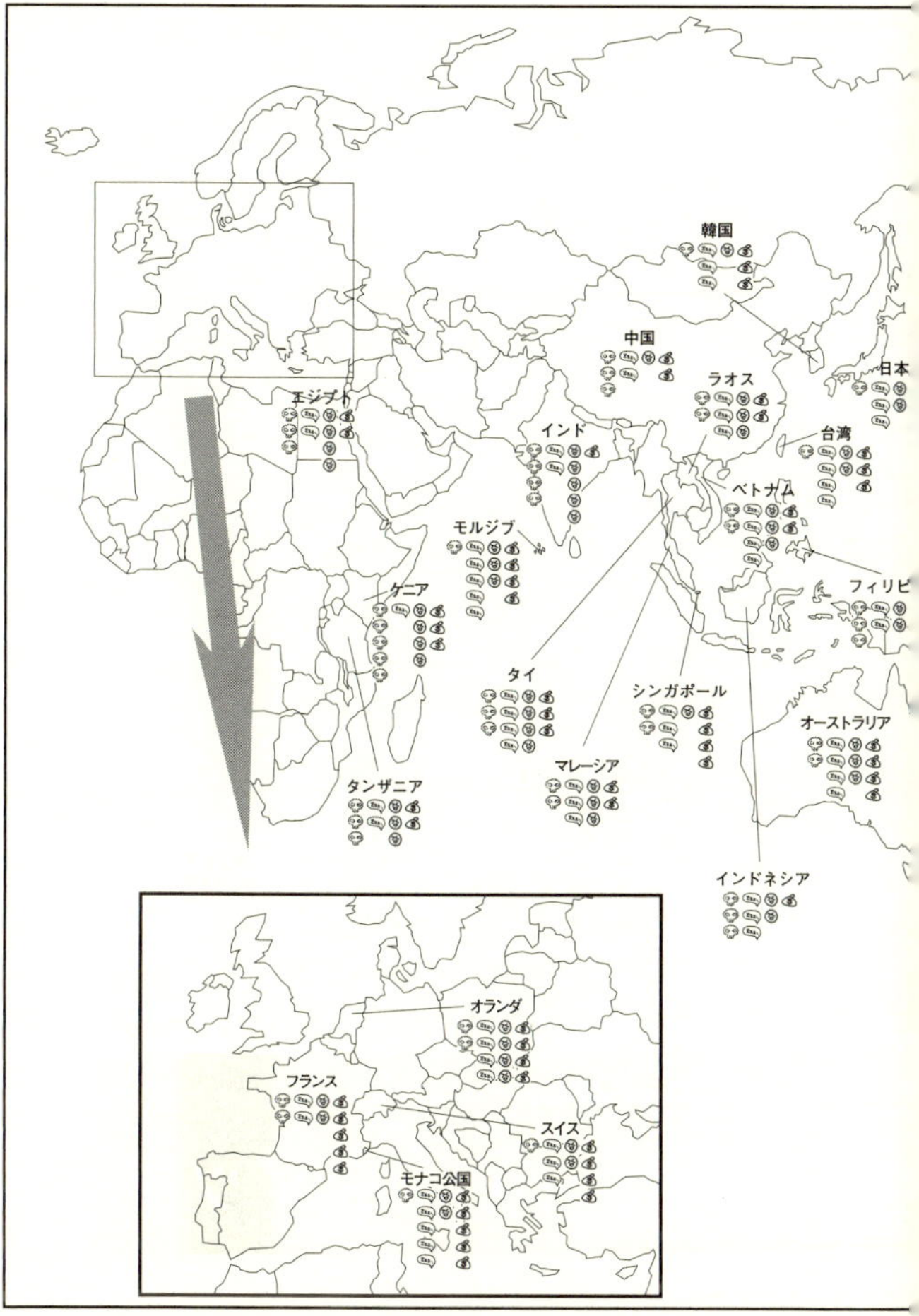
韓国
中国
日本
ラオス
エジプト
インド
台湾
ベトナム
モルジブ
ケニア
フィリピ
タイ
シンガポール
オーストラリア
マレーシア
タンザニア
インドネシア
オランダ
フランス
スイス
モナコ公国

# 「危ない」世界の歩き方　目次

まえがき …… 3
知れば知るほど怖くなる国 …… 12
テロリスト出没地帯 …… 17
犯されそうな恐怖 …… 20
ナイロビの銃声 …… 29
肝炎とマラリアのどちらにする？ …… 34
ペルー人好き絵美ちゃん …… 39
バカ女の恋バナ列伝 …… 45
砂漠で迷子でカラッカラ …… 51

ブラジル血走り強盗……55
インド人強盗団……59
ブロンクスのジャンキーロード……62
い・け・な・い　ロンボクマジック……66
過激すぎるペルーの反戦デモ……76
恐るべしマンコカパック……81
オーストラリアの密猟者……85
バブーンの襲撃……88
カイロの女ソルジャー……91
ゲイのロイヤルパラダイス……95
インド人が死にたい場所……100
焼かれた遺体とツーショット……107
孤児の家と死を待つ家……110
ゲリラの素顔……116
ケニアのバスは痴漢天国……122

元売春婦サリー……125
旅先の有名人……130
ヒッピーおっちゃんの怪しい買い物……133
イミグレーションの変わった抜け方……141
まるでドリフのジャマイカ暮らし……148
コント1・証明書を巡る冒険……148
コント2・ロビーK伝説……151
モンバサのアフリカンタイム国境越え……154
現地の家に泊まるには……160
1・人の良さそうな家族を探す……160
2・金の話をするやつには気をつけろ……161
3・共通の趣味のある人を探す……161
4・素性が分かっている人を探す……162
5・滞在日数をごまかす……162
6・口説き文句しか知らない男に気をつけろ……163

生理旅行 …… 164
海外で接するぼったくりと物乞い …… 168
ぼったくりいろいろ …… 168
個性豊かな物乞いたち …… 172
強盗対策は難しい …… 176
現地で金を作るには …… 179
変わりゆくカオサン …… 183
私のバッグの中身 …… 185
あとがき …… 190

# 知れば知るほど怖くなる国

どれだけ危ない国でも、何度か通っているうちに、その国の事情というものも分かり、少しずつ慣れてくるものである。しかし、ジャマイカはそうではない。私はこれまでに6回通っているが、知れば知るほど怖くなる国、それがジャマイカなのだ。

ある日、知り合いのジャマイカ人のおじさんが暗い顔をしてやってきた。彼は言った。

「今日は悲しい日曜日だ」

いつもは陽気なおじさんなのに、そんなことを言うのは気になった。

「なにかあったの？」

私が聞くと、おじさんは答えた。

「いとこの子供が殺されたんだ。先週の水曜には元気だったのに……」

その上、殺され方は残酷極まりないものだった。そのとき家にいた5人が一度に殺され、全員、首と胴体が切り離されていたという。その首と胴体はバラバラの場所で見つかった。

私は、なぜ、そんな殺され方をされたのか尋ねたが、おじさんは低い声で答えた。

「それが分からないんだ」

「……分からない？」

「原因も犯人もまったく分からないんだ」

このときは事件直後だから分からないのだろうと思ったが、それから2ヶ月ほど経った現在（2006年4月）も犯人の目星はついていない。ジャマイカではこのような犯罪が毎日のように起こっている。

そもそもジャマイカはとても小さな国である。秋田県ぐらいの面積しかなく、車で一周することも簡単だ。しかし、そんな小国にもかかわらず、毎日毎日、人が殺されている。1週間に50人が殺されることもあり、世界でも有数の治安の悪い国と言うことができるだろう。

実際に私と面識のあるジャマイカ人も殺されている。

彼はダンサーとして活躍していて、ジャマイカではかなり有名だった。あるとき、彼の取り巻きのグループは別のダンサーグループと対立した。現在もこの事件は解決していないため、断定することはできないが、彼を殺したのは、対立するグループのメンバーだと見られている。

この殺され方もひどい。

夜中3時のガソリンスタンドで、彼はバイクに乗った2人組から発砲を受けた。弾は全部で18発が命中しており、そのうちの15発が顔をとらえていたという。

私は彼と音楽イベントで知り合い、一緒に写真を撮り、それを自分が記事を書いている雑誌に載せたこともある。

その彼が殺されたということにショックを受けたが、事件はこれで終わらなかった。

殺されたダンサーのグループが報復として、敵対するメンバーのお母さんの家に放火したのだ。幸い、死者は出なかったようだが、家は全焼した。まるでギャング映画のような展開である。

実際にジャマイカ人たちはこのようなグループの対立を「ウォー（戦争）」と呼び、「今はウォーだから、あっちのほうにはいかないほうがいい」などとアドバイスしてくれるのだが、その様子が「慣れっこ」なのが逆に怖かったりする。

私もあわや銃撃戦に巻き込まれかけたことがある。

これも音楽イベントでのことだ。私は日本人女性の旅行者と2人で会場にきていた。ステージ上でアーティストが歌っているとき、「パン、パン」と乾いた音がした。それまでにもジャマイカやケニアのナイロビなどで似たような音を聞いたことがあったので、すぐに銃声だと分かった。

しかし、会場は人で埋め尽くされており、最初は興奮した観客が景気づけで発砲したのかと思った。このときは会場の雰囲気もさほど緊迫したものではなかった。ジャマイカ人たちは銃声に耳が慣れてしまっているのだろう。

しかし、次の瞬間、私の右側から、ジャマイカ人の大群が押し寄せてきた。テレビで見るアフリカのヌーの大移動のような光景だ。みな、目を見開き、我先へと駆け出している。これは尋常な様子ではない。

そのとき、声が響いた。誰かが叫んだのだ。

「伏せろ！」

するとそのまま走り去る集団もいたが、声に反応し、半数ぐらいのジャマイカ人はその場に這いつくばった。私は恐怖心というより、「なに？　なに？」と状況が把握できずにいた。とにかく胸がドキドキしている感じだ。しかし、突っ立ったままでは危険ということぐらいは分かったので、他のジャマイカ人がしているのと同じように地面に伏せた。するとまた声がかかる。

「逃げろ！」

今度はジャマイカ人たちは立ち上がって、会場の外に向かって逃げ始める。右方向では銃声が続いている。1人や2人ではないようだ。単発ではなく、銃を乱射している。逃げなくちゃ。私はそう思い、ジャマイカ人たちと一緒に駆け出した。

しかし、これだけでは終わらないのがジャマイカ流だ。

逃げている私の耳に向かって、どこかから手が伸びてきた。アッと思う間もなく、イヤリングが盗まれた。当然、犯人を確かめる時間はない。かと思っていると、今度は左側から手が伸びてきて、私のバッグをつかんだ。振り返る余裕はなかったが、強い力だったので、男だと分かった。これだけは取られまいと私はバッグを必死でつかんで、そのまま逃げた。するとそのうちにバッグから相手の手が離れた。

このときはなんとか無事に逃げることができたが、友達とははぐれてしまっていた。すでに銃声は聞こえなくなっていたし、しばらくするとコンサートが再開された。フェンスが壊れているというのに、よくやるものだ。

私は友達のことが気になって、携帯に電話をしたが、「使用不可」になっていた。正月のカウントダウンのときに一時的に使えなくなるように、会場にいたほとんどの人が携帯を使っていて、回線がパンクしていたのだ。

数時間後にようやく連絡が取れ、友達と再会することができたが、彼女の指を見て私はぎょっとした。右手の薬指があらぬ方向に曲がっていたのだ。指はものすごく腫れ上がり、素人の私から見ても折れていることは明白だった。

「大丈夫？」

私が聞くと彼女は答えた。

「逃げてきたジャマイカ人に押し倒されて、そのまま踏まれたんだ」

彼女は相当痛がっていた。

コンサートを見にいくだけでジャマイカではこのような目に遭うことがある。特別な予防策があるはずもなく、旅行者としては危ない地域をこまめに新聞やラジオなどでチェックすることぐらいしかできないだろう。

私は何度も通っているためジャマイカ人の友達が多いが、彼らから、誰々が殺されたとか、ウォーが起こるとかいう話を聞かされる。通うたびに怖くなるという珍しい国なのだ。

## テロリスト出没地帯

世界には悪名高い通りがある。犯罪被害が多発している通りだ。しかし日本でそういう情報を仕入れてもあまり役に立たない。日本に情報が入ってくる頃には強盗団は犯行場所を変えているに違いないからだ。

２００１年３月、私はインドのデリーでゴータムという男とその彼女と知り合った。私たちは意気投合し、私は彼の車に乗せてもらい、３人でヒンドゥ教の聖地ハリドワールに向かうことになった。

途中で立ち寄ったアンバラという街が最後で、そこを過ぎると、民家も激減し、森と草原の合間を走るようになった。すでに夜になっており、車に同乗しているだけの私はどこを走っているのかも分からなかった。

雨が降り出し、雷も鳴るようになった。

しばらく進んでいると、バククンズプルというところで車が停まった。前方には車が何台も連なっている。明らかな田舎道で渋滞するはずもないのに、どうしたことだろうと訝しがっていると、外には銃を持ったイスラム教徒風の警官が大勢いた。なぜ車が動かないのかとゴータムが尋ねると、

「ここは強盗やテロリストで危ないんだ」

という答えが返ってきた。

その警備を兼ねて車が10台から20台揃わないと進むことができないのだった。もし1台で行ったとすれば間違いなく襲われ、車ごと盗まれてしまう。命を奪われることも珍しくない。それが20台で連なっていけば前後の車の異変に気付くし、強盗やテロリストも手を出しにくくなる。このときは必要数を確保するために車を停めていたのだ。

雨はますます強くなり、雷も頻繁に鳴るようになっている。そんな話を聞かされた上にこんな天候じゃ不安も募る。私はまだしばらくは車が溜まるまで動かないだろうと思っていたが、

「行くぞ」

と警官に言われる。

なんと私たちの車で必要数に達したらしく、私たちが最後を走るのだ。どう考えても最後の車が最も襲われやすいじゃないか。しかも私は1人で後部座席に乗っているため危険を感じる。

車は走り出した。

それもスピードは上げずのろのろと進んでいく。ゴータムも彼女も不気味なほど静かだ。雨の音とワイパーが揺れる音だけが響いている。

対向車線に車のライトが見えた。道の向こう側からも同時に20台ほどの車が発車したようだ。すれ違う車のドライバーの表情は緊張で強張っており、それを見ているこちらも緊張が高まる。

私は向かい側からやってくる車の数を無意識のうちに数えていた。逆側からきたのは10台だった。

10分ほど走ると、危険地帯の出口らしき検問があった。これで最も危ない場所は抜けたらしいが、ここから先もなにがあるか分からない。トレーラーが襲われたり、警官もろとも襲撃に遭ったこともあるらしく、気を抜くことはできない。

結局、何事もなく、バククンズプルに着くことができたが、あの道を走ったときの不気味な静けさを忘れることはできない。

警官を撮らせてもらった。
決して怖い人なわけではないが、目がヤバい。

## 犯されそうな恐怖

女の1人旅にはいろいろな恐怖があるが、その中でもヤラれるヤラれないという怖さがある。ヤラれるというのは殺されるうんぬんじゃなく、言ってしまえば犯されるという恐怖だ。ヨーロッパの夜道を1人で歩いていると、白人の大男が2、3人でやってきて体ごと担いで部屋に連れていき、ヤラれてしまったという話もある。

メキシコなんて1人の日本人のうしろに5、6人がくっついてきて回されるらしいし。

基本的にインドはセクハラ王国で、みなキスをしようとせがんでくるし、体に触ってくることも多い。体を隠しているインド人女性に比べると、外国人は露出が多いから、彼らにしてみれば誘っているように見えるのかもしれない。誰か、教えてやってくれ。

他にブラジルもすごい。

頬に軽くキスをするのが挨拶になっているから、こっちも頬にキスを返すと、最後に唇を向けてくるので困る。中には強引に頭を押さえて迫ってくるやつもいるから、それを振りほどくのも一苦労だ。ブラジルにいたのは2ヶ月間だが、日記には「3年分ぐらいのキスをした」と書かれている。

自分の身を守れるのは自分しかないが、こっちは力も弱い女、危険な状況になる前に予防線を張っておいた方がいいだろう。私も実際に何度か危ない目に遭ったことがある。

私と一緒に車でインドの危険地帯を走ったインド人ゴータムとその彼女。私は彼女がいるから安心だと思いゴータムの車に乗ったが、一度彼に襲われそうになったことがある。

私はまったく警戒していなかったし、服装もラフな感じだった。すでに彼らと2晩同じ部屋に泊まり、何事もなかったし、あるはずもないと思っていた。

しかし3日目の夜、ゴータムが動いた。

彼女がシャワーを浴びにバスルームに入った。私は外では肌をあまり露出しない格好をしているのだが、ゴータムと彼女の部屋ということもあり、キャミソールに短いズボンを履いているだけだった。そんな格好でベッドで本を読んでいると、ゴータムはいきなりのしかかってきた。

右がゴータム。左が彼が恐れる彼女。

最初は遊んでいるのだと思い、笑っていたが、意外にも彼は真面目な顔をしている。私が、

「なにやってんの？」

と言うと、彼は口元に人差し指を立てて「シー」とやってくる。私は襲われていると気付いたが、それほど怖くはなかった。なぜなら彼が彼女を怖がっているというのが分かったからだ。

「彼女に言っちゃうよ」

と言うと、ゴータムはぱっと条件反射のように手を離す。しかしすぐにまた組み付いてこようとする。私はベッドから起き上がって彼女がいるバスルームまで走った。すると彼はバラされると思ったのか、懇願する顔付きで、

「言わないでくれ」

と必死になって頼んでくる。なんだかかわいいやつじゃない。

私がドアをノックする振りをすると、彼は平謝りし、私がその振りを止めると、性懲りもなく迫ってこようとする。その繰り返しだった。

そのうちに彼女がシャワーから出てきて、何事もなかったかのようにその夜は3人で仲良く寝た。

ブラジルのトランコーゾでのことだった。

ここは自然に満ち溢れた地上の楽園のような場所だ。治安が悪いと言われるブラジルの中で

唯一家の鍵を開けっ放しにして外出してもなにも盗られない。しかしこんな場所でもあいかわらず男はヤリたいと思う生き物だ。

その日はパウリーニョというブラジル人男に誘われて、ビーチでやっているパーティーに向かった。トランコーゾでは毎日のようにいろんな場所でパーティーをやっていて24時間祭り状態になっている。パウリーニョともそのパーティーで会ったのだ。

すでに夜の12時半。

ビーチに行くためには山道を下りなければならない。しかしトランコーゾは近代化が進んでおらず街灯もなく、道を照らしているのは月明かりぐらいのものだった。森は本来の深みを取り戻し、ひっそりと静まっている。

道といっても木の根は剥き出し、石は転がっているしで、足場は不安定だ。パウリーニョは手をつなぎ、私が転ばないように案内してくれているようだ。最初はただ握っているだけだったのだが、しばらくすると指を絡めるように動かしてくる。気持ちが悪い。

たくましい体つきのパウリーニョ。

これって手口っぽいなと思いつつも、ビーチに着けばパーティーをやっているはずだし、それまでの辛抱だと思って歩いていく。

30分近く歩いてようやくビーチに着いた。しかしどこでもパーティーは行われていない。満月を間近に控えた月明かりに海と椰子の木が照らされている。パーティーもないし、パウリーニョは怪しいし、言葉も通じないので会話も終わってるし、とにかく帰りたくなった。

「もう帰る」

とパウリーニョを置いて1人で山道を登っていくと、すぐに彼は追いついてくる。今までの怪しさはなくなっていたが、今度は私が逃げないようにがっしりと肩に手を回してくる。こっちは捕獲された宇宙人のような気持ちだ。

彼は慌てているのかすっかり優しくなっていて、甘い言葉を囁いてくる。彼の手は温かいし、背も高いし、髭も生えていてカッコよかったけど、もろにモンモンしたオーラを漂わせているので、こっちはイヤになる。

彼は私をなんとか口説こうとし、私はそれをなんとか拒み、しばらく均衡状態のまま山道を歩いていった。すると目の前に1軒の安宿が見えてきた。村の入り口は近い。あと3、4分も歩けば村に入り、彼も悪さはできなくなる。

ここで彼は最後の勝負に出た。

私を安宿に連れ込もうとしてくる。体を抱え、そのまま連れていこうとするので、私はじたばたして彼から逃げ出し、村を目指して走った。彼は村に行かれてはおしまいだとばかりに甘い言葉を叫びながら追ってくるが、そんなことにはかまわずに逃げた。

村に入り、顔見知りの人たちが出てくると、もはやパウリーニョもお手上げだった。そのときの彼のいかにも残念だという顔は印象的だった。

1997年、初めてロサンゼルスに行ったとき、友達の家に泊めてもらっていた。

私は1人でスーパーに買い物に行くことにした。まだ8時頃でそのあたりはそれほど治安も悪くないと聞いていたから注意していなかった。

スーパーで飲み物を買って彼女の家に帰る途中、うしろから2人の男がついてきているのが分かった。最初は同じ方向に歩いているだけだと思っていたが、私が角を曲がると同じ方向に曲がってくる。このときはそれほど気にしていなかった。

2つ目の角を曲がると、彼らはまたしても同じ方向に曲がった。振り返るとある程度の距離があって顔を確認することはできないが、体格の大きな黒人だった。つけられているのかもしれないと思ったが、急に逃げるとかえって危ないかもしれないので、少しだけ速度を上げるに留めた。

3つ目の角を緊張しながら曲がった。

すると彼らはやはり同じ方向に曲がってきた。ビンゴだ。背筋をぞっとするような寒気が走って、私は小走りで走り出した。しかし彼らも速度を上げて追ってくる。

恐怖に耐えかねて友達の家に向かって全速力で走った。先程までは薄暗いぐらいだったが、今はすっかり暗くなっている。周りの高い建物の間に自分と彼らの足音が反響して、彼らと自分との距離感が計れずに怖くなる。何度か振り返ったが、少しずつ彼らは近付いてきているようだ。

ようやく友達の家に着き、何度もチャイムを鳴らし、ドアも叩いた。しかしすぐにはドアが開かない。

彼らは角に隠れてまだ見えないが、足音が近付いてくるのが分かる。角を曲がればすぐに私はつかまってしまう。

「どうしたの？」

と呑気そうに友達がドアを開け、私は部屋に飛び込んだ。慌ててドアを閉め鍵をかける。この部屋に飛び込むところを見られないでよかったと思った。どっと力が抜けてそのまま床に膝をついてしまった。

どんなに治安がよさそうでも、どんなに仲良くなった相手でも、男はたまにそれこそ狼のように変わることがあるので、ちょっとでも危なそうな雰囲気を感じたら、素早く対処することが大事だろう。これ、本当。

危険なのは外国人ばかりではない。日本人バックパッカーでも、長旅をしすぎて欲求を発散していない人に襲われそうになることもある。

カルカッタの安宿の一室を私とリズというフランス人の女の子と日本人の男の子の3人で借りていた。彼らとは電車の中で知り合い、荷物番を頼んだり頼まれたりした仲で、誰も泊まる場所がなかったため、それなら3人で借りてしまおうということになったのだった。

その部屋はベッドが3つ横に並んでおり、右から、私、リズ、日本人の男の子という位置関係だった。

電気を消し、寝る体勢に入っていると、男の子が頼み込むような視線を送っているのに気付いた。それを翻訳すると、

「やらせて」

ということだと分かったので、私は、

ロスの路上。写真右側に立つ男は左のシート上で時計を売っている。しかし彼はジャンキーで売り物の時計を壁に投げつけ壊しまくっていることがあった。ロス恐るべし。

「無理」

と視線で答えた。

それで一旦は収まったかと思ったが、気になってたまに彼の方を向くと、彼はこっちを向いており、

「やらせて」

とあいかわらず頼み込んでくる。

彼は日本人なので襲われるとか、殺されるなどといった緊張感はなく、むしろ憐れみさえ感じるのだが、そんな目で見られてもねえという気になってくる。

私がずっと「無理」という視線を送っていると、今度はリズにターゲットを移したのが分かった。すでに私ではなくリズに視線を送っている。私は助かったと思いながら、ムカつきもした。誰でもいいんかい。

リズはそれがフランス人の気質なのか、彼の視線にはまったく答えずに、下品ねといった感じで背を向けてしまった。彼の悶々とした日々はしばらく続きそうだ。

## ナイロビの銃声

アフリカ南部は危険と言われる国が多い。その中でも有名なのは南アフリカのヨハネスブルクとケニアのナイロビだ。私はヨハネスブルクに行ったことはないが、ケニアのナイロビには滞在した。そして噂には聞いていたが、この街の怖さを実感することになった。

まず、ナイロビの日曜日はほとんどの店が閉まり、通りには人もおらず、ゴーストタウンのようになっている。ところどころにたむろっている集団はいるが、彼らの目付きは尋常ではない。明らかに「狙っている」目なのである。

仮に夜7時を過ぎてから移動することになると、たとえ50メートル先でもタクシーを使わなければならない。タクシーは赤信号で停まることなくそのまま直進する。なぜなら信号で停まっていたりすると、その隙に襲われることがあるからだ。そもそも車の数が少ないから、事故が起こる心配はあまりない。

昼間歩くにしても空気は殺伐としていて、ホテルから出た瞬間、緊張感に包まれる。通りがかった人さえも自分を狙っている気がするのだ。実際にこの街では毎日のように凶悪な犯罪が起こっている。

歩く際に注意しなければならないのは、第一にガイドブックや地図を持っていてはいけないということ。それだけで自分がなにも知らない観光客であると宣伝しているようなもので、100パーセントに近い確率で被害に遭うだろう。

だから私も地図などを持たずに歩いた。

もし道を間違えたとしても、慌てた素振りをしたり、すぐに戻ったりしてはいけない。迷ったのがバレると危ないからだ。しばらく歩いてから、何気なく戻らなければならない。その間、歩いている速度は一定にして、この街をよく知っているんだよという表情を作った方がいい。

バッグなどを持っていると、そこに痛いほど視線が注がれているのが分かる。少し仲良くなった現地の人と話をしていても、相手は自分の目を見ずに、ちらちらとバッグを気にしているのが分かる。話をするだけで緊張してしょうがない。

なぜ、こんなに治安が悪いのかといえば、難民の増加やアパルトヘイトの影響もあると思うが、麻薬の蔓延も大きな要素になっているだろう。

いろいろな国で物乞いの子供を見てきたが、インドなどの国の子が明るいのに対して、ナイロビの子は目が「本気」だ。顔は土で汚れ、その中で白い目がどんよりと据わっている。みな缶や瓶を手にしているが、その中にシンナーのようなものが入っているのだろう。それを吸いながら、もう片方の手を差し出し、

「マネー」

と言ってくるのだ。

しかもその言い方も、他の国の物乞いが「ちょうだいよ」と哀れっぽい振りをするのに対して「くれよ」と堂々としている。もしお金をあげたとしても、それはシンナーに代わるだけだろう。それに彼らはガラスの割れた破片を隠し持っていたりすることがあり、それがこちらに見えることもある。

私もいろんな国を歩いてきたが、ここまで殺伐とした雰囲気を味わったことはなかった。どこにいても殺気を感じる街なのだ。

唯一休める場所があるとすればホテルだと思うが、そのホテルですら安心することはできない。私が泊まっていたのは「イクバル」というホテルで、私がいたときにはなかったが、以前、掃除係による盗難事件が頻繁にあったらしい。

ホテルの窓から眺める光景は壮絶だ。

土曜の夜、窓から外を見ていると、ケニア人同士の喧嘩が始まった。両方とも手にビール瓶を持っている。それも脅しではなく、黒人の大男がビール瓶を思いっきり相手の頭に叩きつけているのだ。ぎゃーぎゃー騒ぐ声や、ビール瓶が割れるガシャンという音が聞こえてくる。もはや喧嘩の域ではなく、完全に殺し合いをしているようだ。

このようなことが日常茶飯事なのだから、女が1人で外を歩くなどバカ以外のなにものでもない。

夜中に銃声を聞いたこともある。乾いたパンパンという音が響き、すぐにまた静かになった。

私以外にも聞いたことがある宿泊客は多かったし、現地の人にとってみれば日常的なのかもしれないが、初めて聞いた私はぞっとした。

そのナイロビの中でも特にホテルから4ブロックぐらい離れた川沿いの道は「絶対に行くな」と宿泊客に念を押された。最新版の『地球の歩き方』にも、

「この周辺は危険なため省略させていただきます」

と省かれている地区なのだ。

ナイロビでは人と触れ合うことが少ない。

キオスクや商店などには必ず鉄格子がはめられており、下の窓口のようなところから代金と商品の受け渡しをする。基本的に店の人とのやり取りはすべてそうやって行われている。というのも、店ごといつ強盗に遭うか分からないからだ。実際にそれほどの警備体制をしているにも関わらず、店や銀行が襲われることなど当たり前で、店主がピリピリするのも頷ける。

私は宿泊客の日本人男性と「モンテカルロ」というクラブに行ったことがあるが、入口からしてセキュリティーがすごかった。空港の金属探知機のゲートのようなものを通らなければならない。凶器を持っていないかというチェックだろう。

それをくぐり中に入ると、大音量でレゲエがかかっており、すぐにタカリがやってくる。ここは昼からやっているクラブで酒を飲むこともできる。

「お前ら日本人だろ、ビールおごれ」

私は酔っ払った振りをしてかわしていたが、何度もしつこく言ってくる。

しかも冗談めいた顔ではなく、真剣そのものなので怖くなってくる。

私と一緒に行った日本人の男の子はしばらく1人で踊っていたが、私のところに戻ってきて、

「みんなポケットの中あさり出して、全然楽しめないから出よう」

と言ってきた。

この街にいると、ひりついた圧迫感を感じ、いつの間にか心が寒々しくなってくる。ほとんどの国や街で楽しむことができる私だが、ナイロビだけはそうはいかなかった。その頃の日記には一言、

「ケニア疲れた」

と記されている。

ナイロビのクラブ。昼間からみんなできあがっている。
スリも多く、旅行者が楽しめる場所ではなさそうだ。

## 肝炎とマラリアのどちらにする？

アフリカに行くときは3つの病気に気をつけなければならない。黄熱病と肝炎とマラリアだ。このうちで黄熱病は絶対に事前にワクチンを打たなければならない。打たなければ入国を許されないほど危ない病気だ。

その他の肝炎とマラリアに関してはどちらか1種類だけワクチンを受けることができる。黄熱病と肝炎、黄熱病とマラリアはワクチンの相性がいいのだが、肝炎とマラリアは相性が悪く、両方を打つことはできない。だから「肝炎とマラリアのどちらにする？」と質問を受けることになるのだ。私はそれに「肝炎」と答えた。

マラリアは一応飲み薬があるということだったからだ。その飲み薬も効くか効かないかはっきりしないものだったが、それでもないよりはマシだと思った。

黄熱病と肝炎の注射を打つことになったが、これが私は大嫌いで、注射を打たれると頭から血が抜けていき気絶してしまう。だからベッドの上でいつでも倒れられる状態にしていないと打つことができない。それでも病気で死ぬよりはいいので、2本の注射を受けることにした。

このときはお尻に打ってくれるということだったので、まだよかったが、それでもやはり私は気絶した。マラリアの薬は以前アフリカを旅したことのある友人の残り物をもらっておいた。

アフリカ入りし、マラリア多発地帯に入る10日ほど前から薬を飲み始めたが、これが悲惨な薬だった。寝付きが悪くなるし、眠ったとしても熟睡することができない。体に毎日疲れが溜まっていく。

しかも眠れたら眠れたで、必ずといっていいほど変な夢を見るのだ。ずっと会っていない人が次々に現れたり、いつも以上に支離滅裂な展開になっていったりと、休まる暇のない夢だ。あとで知ったのだが、マラリアの薬は別名「悪魔の薬」と言われているらしい。

ホテルの部屋には蚊の侵入を防ぐために蚊帳が吊るされているが、その中に入ってうとうとしていると、時折、羽音が聞こえてくる。もはやそれは蚊ではなく「マラリアを運ぶ虫」という認識になっていて、はっと目が覚める。やけに羽音に敏感になってしまうのだ。

そもそも効くかどうか分からない薬だから飲んでいても安心できないし、飲まないわけにはいかないし、その一帯にいる間は常に体が疲れていた。死ぬ可能性もある病気なのだから、もっといい薬を開発してくれないだろうか。

その1年後、私はブラジルからボリビアまで飛行機で飛ぼうとした。ブラジルの航空会社でチケットを買うとき、細身のチャーリーというおっちゃんに聞かれた。

「イエローカード持ってるか？」

イエローカードというのは黄熱病の予防接種を受けているという証のカードだ。私はそれを日本に忘れてきていたが、ケニアへ入国したスタンプがあるので、それが黄熱病の予防接種を受けた証になると思った。

しかしそれではダメだと言う。ワクチンを受けていないと航空会社はチケットを売ることができないのだ。

私は注射を受けたくないから、ケニア入国のスタンプを見せてねばると、それなら予防接種のカウンターにこいということになった。そこの看護婦がカードを出してくれれば問題なく通ることができる。チャーリーは通訳も引き受けてくれるということだったので、私はついていくことにした。

チャーリーは私をマナウスのバスターミナルの施設に連れていってくれた。ブラジルでは予防接種が簡単に受けられるようになっているらしく、バスターミナルの中に何気なく施設があったりする。

中に入ると受付けに太ったおばさんがいる。チャーリーはおばさんに私がケニアで予防接種を受けたことを説明してくれ、カードだけをもらえるように頼んでくれた。私も半ベソをかきながら手を合わせお願いお願いと頼み込んだ。しかし彼女はやる気がまったくなく、ふてぶてしい様子で、

「先生は1時までいないから、1時にまたこい」

と言う。

しかもワクチンを打ってから10日経たないとブラジルから出ることはできないようで、それはカードをもらったとしても一緒のようだった。私は途方に暮れた。

チャーリーはいいやつで私を食事に誘ってくれた。彼は食事をおごってくれ、

「今は泣いたりもするけど、あとからグッドメモリーだから」

と優しい言葉をかけてくれる。

思わずほろっとくる。

1時になって施設に戻ると、受付けのおばさんはソフトクリームをなめながら椅子に座っている。私の顔を見るなり面倒くさそうに言う。

「まだよ」

私はお前、医者じゃねえだろと思いながら、医者が帰ってくるまで待つかどうか悩むが、空港でも受けることができるとチャーリーから聞

チャーリーと私。右手に持っているのが航空券。
左手に持っているのが決死の注射を経て獲得したイエローカード。

き、タクシーに乗って空港に向かうことにした。

できることならば注射を受けずにすませたいが、受けることになるかもしれないため、私は気絶してもいいように、一日荷物をチャーリーの航空会社に預ける。

チャーリーは空港までついてきてくれ、私を予防接種のカウンターまで案内してくれた。私は彼が先程と同じ説明をしてくれると思っていたのだが、彼がかけた言葉は、

「Ｋｅｅｐ Ｃｏｏｌ」

たしかにさっきは拝んだり騒いだりしてしまったなあ、チャーリーは私に落ち着けと言っているんだと呑気に思っていると、いきなり腕にブスッと針が刺された。チャーリーのやつと恨めしく思いながらも不意打ちで腕に力が入っていなかったため、いつもよりあっさりと注射はすみ、このときばかりは気絶することがなかった。

終わった……。

しかし10日間はブラジルから出ることができない。そこでチャーリーが医者に交渉してくれ、結局、5ドル払えば明日出国することができるということになった。いい加減なものだ。

医者は書類の日数を10日前にしてくれ、すべてうまいこと処理してくれた。ブラジルあっぱれと思っていると、その医者はこう言った。

「こすっちゃダメだけど、シャワーはいい」

おかしいな。日本で受けたときはシャワーもダメだったんだけど。

## ペルー人好き絵美ちゃん

絵美ちゃんと最初に会ったのはボリビアだった。

それから一緒に行動したわけではないが、追い越し追い越され1ヶ月ぐらいの間に何回か再会した。

もともと絵美ちゃんは関西で幼稚園の先生をやっていたのだが、その仕事を辞め、ワーキングホリディでドイツに飛んでいた。そこで普通ならばドイツ人と恋に落ちるところだが、絵美ちゃんはペルー人と恋に落ちた。

そのペルー人の彼というのは政治犯で亡命中の人で、祖国には一生戻れない身だった。そんなところも絵美ちゃんにはぐっときたのだろう。それまで真面目に幼稚園の先生をしていた彼女がどれほど刺激を受けたか分からない。

彼女は半年ほどドイツで彼と同棲をし、ブラジルに2人で旅に行こうという話になり、そのままブラジルに旅立った。

そこで1週間ほど旅をして、ペルー人の彼は大きな賭けに出た。

現地でマリファナをキロ単位で購入し、それを売りながら旅を続けようというのだ。購入するための資金は絵美ちゃんが出した。

2人はマリファナを大量に仕入れ、ブラジルの南部の方で売ることにした。しかし移動の手段はバスしかなく、そのバスには時折抜き打ちで警察の荷物検査がある。

キロ単位のマリファナが見付かれば逮捕は免れない。その上、彼の身の上がわけありなものだから、ますます問題だ。2人は慎重にならざるをえなかった。

共に移動すると余計目立つため、2人がとった手段は、別々にバスで移動するというものだった。

先に絵美ちゃんが行き、1日遅れでマリファナを持った彼が出発する。待ち合わせは南部のホテルで、そこで落ち合って売りさばこうという考えだった。

絵美ちゃんは幼稚園の先生時代からは考えられない計画に関わっているのだが、彼に完全にハマっているため、罪悪感のようなものは感じなかった。

絵美ちゃんが出発し、待ち合わせのホテルに着いた。彼は翌日くる予定になっている。

しかし、彼はこなかった。

絵美ちゃんは待ち続けたが2週間待ってもこなかった。

彼女は悲しいし、彼のことが心配でしょうがないのだが、それ以上そこにいてもしょうがないので1人で移動し、国境を越えてボリビアに入った。そこで私と会ったのだ。

彼女はブラジルの旅行は彼任せでガイドブックも持っていなかった。日本人の私を見つけて向こうから声をかけてきたのだ。

そのときに私はそれまでの事情を聞いたが、絵美ちゃんは彼のことを、

「私が騙されたならいいけど、もしマリファナがもとで捕まって国に戻されていたら彼は殺されている」

と非常に心配していた。

その後の旅で私と絵美ちゃんは何度か再会したが、クスコで会ったときに、ペルー人の男の子2人とクラブに遊びにいくことになった。

そのペルー人の2人は、いつも私が夕食を食べにいくレストランの店員だが、どこかホストのような雰囲気をしている。2人のうちの1人、ジョエルという男の子は毎晩、私のテーブルにキャンドルを持ってきて、

「ムイント、ロマンティコ（スペイン語で、すごくロマンティックという意味）」

と言ってくるようなやつなのだ。

人によってはカッコよく聞こえるのかもしれないが、顔があまりに濃すぎるため冗談にしか思えず笑ってしまうのだった。

私たちは4人でクラブに行き、朝まで飲み明かした。

いつの間にか絵美ちゃんはジョエルをマークしていて、彼女が手を引っ張ってジョエルを踊りに誘ったりしていた。

私はもう1人のペルー人、ジョバンニとのんびりと飲んでいたが、ジョバンニと2人でなにやってんだという気持ちになり、帰りたくなってきた。

絵美ちゃんは1人でロマンティックなのかもしれないが、私にとってはレストランの店員と酒を飲んでいるだけなのだ。絵美ちゃんはメロメロになっていて、クラブの中でジョエルにキスしたり、抱きついたりしている。お持ち帰りされたいモード全開だ。

すでに明け方の4時になっている。

私は絵美ちゃんをトイレに呼んで、

「もう私、帰りたいんだけど。もしかして持ち帰られたいの？」

と聞くと、絵美ちゃんは、

「マイちゃん、ごめーん」

といつもの関西弁で頼りなさそうに言う。

私はそこで彼女をバカ女と判定した。

とはいってもI人でタクシーに乗るのは絶対にありえないほど危険なので、どうにかして送ってもらうしかない。とりあえず、その後のことは別にして、4人でタクシーに乗りホテルまで戻ってもらうことにした。

ホテルに着いて絵美ちゃんに、

「どうすんの？」

と聞くと、彼女は、

「ごめーん」

とだけ言った。

「バカ女お休み」

と私は言って1人で部屋で眠った。

その後、絵美ちゃんとジョエルは恋人同士になり、メールでいろいろやり取りしているようだった。


私が帰国して1週間が経った頃、絵美ちゃんの彼氏であるジョエルからメールが頻繁にくるようになった。

内容はどれもこれも「絵美がどこにいったのか分からない。知っていたら教えてほしい」というもので、ジョエルは絵美ちゃんに逃げられたようだった。私もそのときは彼女の消息を知らなかった。

ホストっぽい雰囲気のジョエル。
今は大学を卒業して、機械系の会社で働いている。

すると後日、絵美ちゃんからもメールが届いた。

タイトルは、

「運命の人に出会った」

私は嫌な予感を覚えながらメールを開いた。

すると絵美ちゃんはトルヒーヨというペルーの街で男の子と半月ほど同棲しているようだ。しかも彼の家族も一緒にだ。もちろん彼はペルー人である。どうも彼女はただ単にペルー人が好きなようだ。

しかも彼女はなんと来月その彼と結婚し、向こうで暮らすと報告してきた。親の反対があるかもしれないが、納得させてみせると強い決意で語っていた。ペルー人好きの彼女も、ここまでいけば応援したくなる。

## バカ女の恋バナ列伝

旅には恋愛に関するトラブルも多い。

本人が好きになったとかなられるというのならまだしも、金目当てで結婚を迫ったりということが結構あるのだ。しかもそれが家族ぐるみだったりするからタチが悪い。

こう書くと絵美ちゃんのことが心配になってくる。

そういえばペルーでは偽造結婚がやたらとはやっている。ペルー人の目的は日本にくることのできるビザだったり、日本人の持っている金だったりする。日本に働きにくれば大金をつかむことができるし、そのために結婚を迫ることは日常茶飯事だ。


最近、私の友達が日本でウガンダ人男性と結婚した。れっきとした恋愛結婚だ。

しかしウガンダ人男性が日本のビザを取得するときに面倒な手続きがあったという。ビザを得ることが目的の偽造結婚ではないかと疑われたのだ。

2人は別々の部屋に呼ばれて様々な質問を受けた。最初の方は「何ヶ月付き合ったか？」などという当たり前のものだが、

「旦那さんの歯ブラシの色はなんですか？」

という質問もされた。旦那の方は、

「あなたの歯ブラシは何色ですか？」

という質問をされており、それが食い違えば、こいつら一緒に住んでいないんじゃないかと疑われる。2人は恋愛結婚だったためすべての問題にクリアしたが、ここでハネられる人も少なくないらしい。

別の友達はバンコクでタイ人の男の子と恋に落ち、彼の実家に招待された。

北部にある家に着くと、おじいちゃんからおばあちゃんまで勢ぞろいしていて大歓迎してくれた。お酒や料理もどんどん振舞われ、その土地の民族衣装を持ち出してきてそれを着せられるほどだった。

このようなもてなしを受け、彼女は思わず舞い上がってしまった。ここにいてもいいかなと一瞬思ってしまったのだ。

しかしそのあと結婚するにあたってのお金の話も出てきたりして、彼女はそれで不審に思った。そしてこれは金目当ての結婚だと気付き、その家を出てバンコクに戻った。

彼女は寂しそうに「そういうものよね」と呟いていた。

タイのチャーン島には白人目当ての日本人と、アジア人狙いの白人がいっぱいやってくる。

だから話も早いし、需要と供給のバランスが非常に取れているところだ。

私の友達の中に白人が好きでしょうがない美保という子がいる。彼女に白人のどこがいいのかと聞くと、

「胸のもしゃもしゃした毛がよくて、そこに顔をわしゃわしゃうずめたい」

と言う。私が、

「だけど体臭キツくない？」

と聞くと、こう答える。

「あの甘いにおいがたまらない」

正真正銘の白人好きだ。

彼女はタイのチャーン島で白人男性と恋に落ちた。

彼はジャロというオーストラリア人で、筋肉もりもりで、青い目、その上、彼女好みのもしゃもしゃな胸毛を完備していた。彼女としてはど真ん中だ。

彼女は彼と楽しく3日間を過ごした。

ところがぱったりと次の日から彼がいなくなった。どうも彼は彼女に飽き、別の島に移ってしまったらしい。旅ならよくある話だ。

しかし美保は諦めなかった。

「ジャロ、ジャロ」

と叫びながら、チャーン島を歩き回り、彼を探した。

私たちもそれに駆り出され、ジャロ捜索隊は様々な場所で虚しい遠吠えを繰り返した。しかしきっと彼は別の島にいるのだ。私は絶対に見付からないと分かっていたが、

「ジャーロー」

と思いきり叫ぶのが楽しくて同行していた。
2、3時間捜索していると、とうとう美保がおかしくなった。頭のネジが外れてしまった。
だんだん言動がギャグになり始め、最終的には、

「ジャロはどこジャロ？」

と言い出す始末だった。それに私たちは、

「ジャロはここジャロ」「いいや、ジャロはあそこジャロ」

と相槌を打たなければならなかった。

彼女は現在、日本で別の白人もしゃもしゃ君をゲットして幸せそうに暮らしている。


インド・デリーのツアー会社にマミという女の子がいる。

彼女は全日空のチェックインカウンターで働いていたのだが、1回の旅が人生を変えた。

1人でインド旅行をしているときデリーでサージンという男の子に出会った。サージンはデリーのツアー会社の社員で妻子持ちだった。

マミは彼に恋してしまった。

彼女いわく「優しくて、どうにかしてあげたいと思っちゃう」ということだったが、私に言わせればバカ女だ。

彼女はサージンに入れ込み、会社を辞め、デリーのツアー会社で彼を手伝い始めた。サージンは奥さんと別れる気はなく、マミは今も不倫を続けている。

しかもタチが悪いのは彼女がぼったくりの片棒を担いでいることだ。

デリーに到着する飛行機は夜中の1時である。そこでタクシーを拾った旅行者は「宿に行きたい」と告げても、必ずと言っていいほど勝手にツアー会社に連れていかれる。タクシーの運転手はそうすることでツアー会社からマージンをもらえるのだ。

連れていかれたツアー会社で旅行者はホテルを紹介されたり、ツアーに誘われたりする。

しかしその大体がぼったくりというのが現状だ。通常の金額の何倍ものホテルやツアーを勧められたりする。

「別のところにする」と断っても、「他のところは危ないから」となかば強引に勧めるようだ。

そんな会社でマミは働いている。

しかも彼女は日本人なので、日本人旅行者に安心感を与える。それがまたズルいのだ。

夜中に着いて、タクシーの運転手に頼んでもいないところに連れていかれて、そこに優しそうな日本人がいれば、誰だって心を許してしまいそうになる。彼女の話を信じやすくなるのも当然だ。

そこで彼女は10日間で3万円のツアーを勧め、それに参加させたりしているが、冷静に考えればその値段はインドでは高い。それもただアーグラとバラナシに行くだけのツアーなのだ。

彼女は自分がやっていることを知っているはずなのにこう言う。

「大使館はインドが危ないっていうから、こっちは安全なツアーを日本人のために提供しているだけだ」

実際に安全なことはたしからしいが、ぼったくっていることも間違いない。それも彼女はすべてサージンのためにやっているのである。サージンがどんな甘い言葉を使って彼女にそうさせているのか知らないが、明らかに利用されている。

恋愛は旅の1つの楽しみかもしれないが、ハマりすぎるといいことはない。常識で考えられる範囲で楽しんだ方が無難だろう。

だが、恋愛にハマる女友達がいなくなると旅はその分面白くなくなるので、おおいにやってもらいたいという気持ちもある。私自身もホレやすい方で、人のことを言っている場合じゃなかったりするのだが。

## 砂漠で迷子でカラッカラ

エジプト・ルクソールの砂漠を1人で自転車で走っていた。そのとき私は坊主頭だったのだが、その頭の皮がペリペリとむけるぐらいの日差しの強さだ。

自転車をルクソールの自転車屋で借りて、これからナイル川に行き、船で移動し、ハシュシプト（王家の墓）に行こうという計画だ。

ハシュシプトに着くと、そこは観光ゾンビ（バスに乗り、ただ連れられるままに目的地に向かう観光集団）だらけだった。

ハシュシプトの上まで行けば眺めは最高らしいのだが、私は自転車できたということもあり疲れており、そこまで行く気になれなかった。そもそもサイクリング自体が目的みたいなものなのだ。

しばらく街を探索して対岸に帰ることにした。

私はここまで迷わずにこれたのだから、この辺りの道が分かったものだと勘違いしていた。

とりあえずナイル川の船着場を目指して走り出したが、きた道とは違う方向に走っていった。

いくつかの曲がり角があったが、直進すればもっと早く着くはずだ。

しかし、迷った。

砂漠の中に舗装された道が少しあるだけなのだが、進んでいると、その道がどんどん細くなってきた。明らかに違う方向に進んでいる。だけど、まあ、道があるんだからどこかに着くだろうとそのままペダルをこいだ。

すると、道はなくなり、砂ばかりになった。

というか、すでに砂漠の真ん中にいる。地面は砂になっているものだから、こぐのも大変で、ひとこぎひとこぎ砂を巻き込んでしまう。

困っていると、砂漠を現地の人が自転車で軽快に走っていた。彼も砂を巻き込んでいるが、そんなことおかまいなしといった感じで、力強くペダルをこいでいる。さすが、現地人だ。

私は彼に「ナイル、ナイル」と方向を尋ねた。

すると彼は笑顔で、ついてこいと手招きをした。私はナイル川までつれていってくれるのだと思い、彼についていったが、10分ほど砂漠を走り疲れ切ったところで着いたのは彼の家だった。ナイルじゃないじゃないか。

彼は家に入って茶でも飲んでけと言っているが、私はその誘いを断ってナイル川を目指すことにした。なんとか彼と会ったところまで戻るが、依然道は分からない。

そのとき砂漠をロバで横切る人がいた。天の恵みと思って話しかけるものの、まったく英語は通じず、ロバを引いているおじさんは首を傾げるだけだった。私は諦め、適当な方角に進んでいく。

彼についていったら……、

こうなった！　セルフタイマーでパチリ。

すると今度は野良犬の集団に出くわした。7、8匹はいたと思う。日本の犬とは違い、肉を一杯食べていそうな野性味溢れる黒い犬だった。これは危ない。

私は犬から逃げた。しかしここは砂漠。こいでもこいでも速度が上がらず、犬は吠えながらあとをついてくる。狂犬病はしゃれにならないと思いながら、必死でこいだ。

10分ぐらい犬に追い回され、ようやく振り切って見渡すと、いよいよ砂漠だった。景色はずっと変わらないが、やたらと走ったので、もしかしたら深いところまで入ってしまったかもしれない。

体力の消耗も激しく、更に水を持っていなかったので絶望感にかられる。こんなところで迷ったらミイラになってしまう。

途方に暮れてしばらく立ち尽くしていると、砂漠を激走する車が見えた。セルビスという乗合バスだ。

私は体中を使って、飛び上がったり叫んだりして、セルビスにアピールし停めることに成功した。自転車も乗せてもらうと、なんと行き先はナイル川でほっとすることができた。

ナイル川に着き、船で川を渡り、馴染み深い対岸に帰ってきた。よく走っている道だからと宿を目指して走ると、こちら側でも迷子になってしまった。こりない私である。

## ブラジル血走り強盗

２００３年２月、私はブラジルのベレンにいた。これからアマゾンをのぼるのだが、その船旅の始点がここベレンという街だ。

ベレンは昔、ゴム農場で栄えた街で当時は非常に潤っていたらしい。しかし今ではそのゴム農場も廃れ貧しい街になっている。栄えた頃のヨーロッパ調の建物は立ち並んでいるが、そのすぐ前でバラック小屋の市場が開かれたりしている。

一歩道を入ると路上で人が寝ている。スリが多いという情報を聞いていた私は注意して歩いたが、日本人と見るだけで子供たちが集まってきて、手を差し出し、「マネー、マネー」と言ってくる。

私はアマゾンをのぼる船の切符を買うためにチケット売り場を探したが、あいにく休日でほとんどのカウンターが開いていなかった。

半日ぐらい探してようやく手に入れ、早速船着場に向かった。船には出発の２日ぐらい前から泊まれるようになっており、宿泊代もかからないことから、私はなるべく早く泊まりたいと思っていた。

船着場の周囲は現地の人間の侵入を防ぐために塀で囲まれており、船内に入るときにも切符を見せなければならないのだが、実際には得体の知れない現地の人がうろつき回っていた。

泊まるといってもベッドなどはなく、自らハンモックを購入し、それを使って眠ることになる。アマゾンをのぼる6日間、このハンモックが寝床となり、シャワーやトイレなどの水はアマゾンの水を使用する。

私は荷物を隣のハンモックのドイツ人に預け、外に出ることにした。危険かもしれないとは思うが、船の中でじっとしているのは退屈でしょうがない。それに私は普通旅行者が近寄らない、現地の人たちの生活の場を見るのが好きなのだ。船着場の塀の外に広がるゲットー（貧民街）を散策することにした。

街の雰囲気は薄暗い。ベニヤ板をつぎはぎして作ったような家のシャワーからは水が垂れ流しになっているが、その背後には高層ビルが立ち並んでおりアンバランスさも際立っている。しかしそこに住む人たちは明るい人が多く、私を手招きして呼んでくれる。子供たちと遊んだり、写真を撮ったりして過ごす。

ファンタグレープを買ってぶらぶらしていると、うしろから自転車に乗った2人のおじさんが走ってきた。なにかが倒れる音がして振り返ると、2人は自転車を乗り捨て、私の方に向かってくるではないか。

ヤバイと思うものの突然のことで身動きが取れない。あっという間に私は1人の男に羽交い絞めにされてしまった。これは強盗だと思うのと当時に「こういうときは素直にものを渡せ」

という言葉が浮かんだ。

もう1人の男は私が片手で持っていたカメラを奪おうとしてくる。カメラ本体をわしづかみにして思いっきり引っ張る。すごい力だ。私もすぐに離せばいいものの、なぜかムキになってしまい、カメラから伸びている紐を必死でつかんでしまう。

男たちは現地の言葉でわめいているが、その意味が理解できず恐怖は増幅していく。カメラを奪おうとしている男の目は血走っており、これは本気だと感じる。

それでも私はカメラを離さなかった。奪われたくないという思いよりも、紐をつかんだ手が緊張のあまりほどけないのかもしれなかった。

すると私を羽交い絞めにしていた男が後ろから、シシカバブーの串のような鉄の棒で私の腕を切りつけてきた。痛い。しかし案外、傷は浅く、うっすらと血が滲んだだけだった。腕には数字の「1」の傷が刻まれていたが、刃物ではないため、切られたというより殴られた痛みだ。

次の瞬間、ブツッという太い音がし、カメラの紐がちぎれた。あまりに強い力で引っ張られていたためついに紐が切れてしまったのだ。カメラ本体はすごい形相をしていた男の手の中にある。彼も突然、紐が切れたことに驚いたのか、一瞬、呆気に取られたような表情をしている。

私を羽交い絞めにしていた男はカメラを持ってぼんやりしている男になにか言いながら私を離し、投げ捨てた自転車に乗り、慌てて走り去った。

私は命だけは助かったと安心するより、カメラを取られたことが頭にきた。せめてそれまで撮ったフィルムだけは返してほしかった。考えより先に行動に出ていた。手に持っていたファンタグレープを投げつけたのだ。

するとファンタグレープは見事、2人乗りで逃げるうしろの男の背中に当たり、彼の白いシャツは紫に染まった。そのときになって引き返してくるんじゃないかと恐ろしくなったが、彼はびっくりした表情で振り向いただけで、そのまま走っていってしまった。

あとから聞くと、そもそもその道は危険だから1人で歩いてはいけないところらしかった。

船着場にとぼとぼと帰る私のところにゲットーの子供たちが集まってきた。彼らは事情を知ると私に同情してくれ、危ないからと船着場まで案内してくれた。「危ないから真ん中を歩きなよ」とガードするようにしてくれ、私はそれが嬉しかった。

その後、警察に盗難証明書の発行を求めにいったが、担当の女性警官はまったくやる気がなく、ずっと上の空で聞いていた。盗まれたカメラのことや、そのときの状況、腕の傷などを見せたが、あ、そうという感じでいかにも面倒くさそうにしている。私はその時点でカメラが返ってくるはずがないと諦めていたが、彼女が書類にカメラの「MINOLTA」のスペルを「MINORTA」と書いたときに、完全にダメだろうと悟った。

「犯人の特徴は？」と聞かれ、私は、

「犯人のシャツには紫のファンタがついています」

そうアピールしたものの彼女は最後まで関心がなさそうだった。

## インド人強盗団

インドのプリーからデリーに移動するため私は電車に乗っていた。この電車には1日どころか、31時間も乗ることになる。

私は寝台車ではなく、二等車に1人で乗っていた。シートは3人対3人の向かい合わせタイプで他の席は空いている。

シートの真ん中に座っていると、出発の5分ぐらい前になって、インド人の5人組がやってきた。みな若い男で私をにやにやしながら見てくる。彼らは私を囲むようなフォーメーションを組んで座った。それまで1人で座っていたところを急に5人に囲まれたのだから、いやがうえにも緊張は高まる。そもそもインドの電車には泥棒が多いと聞いていたからなおさらだ。

しかし彼らは自分たちだけで世間話をしているため、その緊張も幾分和らいでいった。電車の座席のこともはっきり分からなかったから、ああ、彼らはこの席の人なんだなと納得していた。

出発間近のチャイムが鳴った。すると突然、彼らが動き始めた。ぴたっと世間話を止め、仲間同士に向かっていた大きな眼が私に注がれた。

私の右隣に座っていたインド人がポケットに手を入れてきて、中をあさり始める。左隣に座っている人は腰に巻いたマネーベルトを探っている。その他は分からないが、向かい合って座っていた3人も一気にのしかかるようになってきて、リュックを奪おうとしてくる。まるで、よーい、ドンという合図で一斉にスタートしたかのようだ。

私はものが奪われるという恐怖と、襲われるという2つの恐怖で、どうすることもできず、リュックを抱え、ポケットの財布をつかみ、団子虫のように体を丸くした。しかしこのままでは絶体絶命だ。相手は5人もいるし、それも男、身包みはがされるに決まっている。

こういうときはヤバイ、マズイと思うものの、実際の反撃に出たり、具体的な対応をできることは少ない。金縛りにあったように動けなくなってしまうのだ。よく「夜道で襲われたらこうしろ」とか「強盗に遭ったらこうしろ」などという対応策を目にすることがあるが、実際に襲われたら、そんなことをしていられる余裕がない。友達を使った練習でゆとりがあるならまだしも、相手は本気でかかってくるのだ。

このままじゃ、盗られると思っていると、近くの席に座っていたインド人のおじさんが怒鳴りながらいきなり立ち上がった。彼の手に目をやると、自分が履いていた革靴を持っている。

その靴でなにを?

私の疑問と同時におじさんはその靴で私に群がっているインド人強盗団に殴りかかった。そして1人で戦い始めたではないか。強盗団もまさかの敵に呆然とし、おじさんの革靴でパコッパコッと殴られている。思ったよりも滑稽で軽い音が響き、私はその光景を、おっちゃん、頑張れと他人事のように見ている。

そのとき、出発間近のチャイムが再び鳴った。今度は本当に出発寸前らしい。

インド人強盗団は顔を見合わせ、一瞬、躊躇したが、私からさっと離れた。彼らはそのまま電車から降りて逃げていってしまった。

私の被害は「驚き」のみだった。強盗団は私から荷物を奪い、出発前の電車から逃げようという狙いだったようだ。しかしおじさんの登場に手を焼いているうちにチャイムが鳴り、閉じこめられてはかなわないと慌てて逃げたらしかった。インドの電車の中には様々な手口の強盗が現れると聞いていたが、これもその1つなのだろう。

その後、電車は発車し、靴で戦ってくれたおじさんが、私を呼び寄せ、

「お前は中に入れ、俺はこっちで寝るから」

と言ってくれた。

彼はボックス席に足を伸ばして私をガードする役目を果たしてくれたのだ。性格が悪いとか、人を騙すことしか考えていないとか評判の悪いことばかり耳にするインド人だが、もちろん、こんなにいい人もいるのである。

## ブロンクスのジャンキーロード

今から10年以上前、私はリリーとアトランタで出会った。彼女の本名は知らないが、日本人だ。ただリリーとみんなから呼ばれていた。

彼女は風貌からしてイカれている。マリンブルーの髪で、眉毛を全部剃っていて、青い口紅をつけているのだ。私は18歳、彼女は24歳だった。

この姉ちゃん、ぶっとんでんなあと衝撃を覚えた。

私はアトランタで彼女の知り合いの家に滞在していたが、その生活にも飽き、リリーを「どこかいかない？」と誘った。彼女はすぐに誘いに乗ってきて、アトランタからニューヨークまでの16時間ドライブに連れていってくれると言い出した。

彼女はLSDとコカインのヘビーユーザーで、ドライブするにしても、そういったものをやりながらだった。彼女は「普通、普通」と言いながら運転していたが、乗っている私は気が気じゃない。ドラッグをやっている運転手なんて、酔っ払い運転よりも恐いじゃないか。

LSDは長い時間効くらしいが、半日もするとさすがに抜けてきてリリーは、

「あかん、眠いわ」

と言い出した。

彼女は近くにあった薬屋に入っていき、そこでなにかを買ってきた。

彼女が持っていたのはＶＩＶＡＬＩＮというカフェインが大量に入った薬だった。ＬＳＤなどとは違い、一般的に処方されているものなので違法ではない。１錠飲めば眠らずにＯＫということになるらしいが、リリーはそれをジャラジャラと飲み、さあ、行くかとドライブを再開した。

しかしその反動か、リリーはそのあと激しい便秘に悩まされていた。

私たちはニューヨークに着いたが、泊まるあてもなく、お金もない。しかも3月のニューヨークだったので下手をすると凍死することになる。それならなぜニューヨークにきたんだと言われそうだが、それはリリーに聞いてほしい。もちろん彼女は「なんとなくね」と答えるだろ

リリーと私。

うが。

私たちはどこかで時間を潰さなければと思い、クラブで1晩中過ごすことにした。ここならば暖かいし、宿泊代以上のお金を取られることもない。飲んで踊って夜を明かした。

朝になったので凍死の危険もなくなり、私たちは駐車場に停めた車の中で眠った。そんなことを2日続けた。

しかしそれもつまらなくなり、ブロンクスに行ってみようということになった。

ブロンクスは黒人ばかりの街で治安は犯罪大国アメリカの中でも最悪の部類に入る。そんなところに女2人で行くのもどうかと思ったが、リリーと一緒ということで私は頼もしかった。

ブロンクスに着いたのは夕方、冬なのですでに暗くなっている。

治安が悪いからか、スーパーや商店も閉店し始めており、道路には体の大きな黒人ばかりがたむろっている。私たちは止めておけばいいものの、体感してみなければ分からないと、車を降りてその道を歩いた。

いかんせん雰囲気は悪いが、私の隣を歩くのは、眉毛のない髪の真っ青な女、逆に黒人たちの方が私たちを警戒しているようだった。

私たちは大きな通りから、路地に踏み込んだ。

がらりと景色が変わった。

細くて暗い路地の両側にジャンキーと思われる黒人が何人も並んでいるのだ。彼らが一斉に真っ白な目で私たちを見た。すべてが暗い中、彼らの目だけが白かった。

その瞬間、刃物を突きつけられたような恐怖を感じ、逃げなければならないと感じた。

座っていた1人の男が立ち上がり、紙コップを「この道を通るなら金だ」というしぐさで差し出してきた。紙コップにはいくらかの硬貨が入っているようで、それがジャラジャラと鳴っている。

それに合わせて座っていた全員が立ち上がり、俺にも俺にもと詰め寄ってくる。さすがのリリーもこれはヤバイと感じ、

「走るよ」

と私に囁いた。

車まで全速力で走り、振り返ったが、彼らが追ってくることはなかった。あの路地だけがテリトリーで、あそこからは出てこないのかもしれない。

それまでにも危険な場所を歩いたり、危険な目に遭ったことはたびたびあるが、それらとは違う冷たい怖さを感じた。皮膚を刺す緊張感とはああいうものを言うのだろう。背中は冷たい汗でびっしょりになっていた。

## い・け・な・い　ロンボクマジック

私はキューバで足の痛みに苦しんでいた。キューバには3週間ほど滞在したのだが、着いて10日ほどすると、右足の内側部分が腫れ上がり、ひどく痛むようになった。そのうちに膿まで出るようになり、歩くことも困難になってきた。

バックパッカーにとって足の負傷は最も避けたいトラブルだ。自分の身体1つで動き回らなければならないのだから、肝心の足を痛めれば、旅を中断せざるをえないことにもつながる。

私はなぜ、こんなことになったんだろうと思案に暮れていた。

思い当たることといえば、その前月に滞在していたインドネシアのロンボク島でのことだった。その頃、私はインドネシアにハマっていて、暇さえあれば、島々に通うという生活を送っていた。

ロンボク島で仲良くなった男の子がいた。最初は楽しくやっていたが、ふとしたことで口論になった。私が翌月から中南米の旅に出るという話をしたからだ。

その男の子は言う。

「なんで中南米なの？　またロンボクにくればいいじゃん」

「でも、これは前から決めてたことだから」

私は前々から、メキシコ入りして中南米を3ヶ月間回るという計画を立てていた。そのことを説明したのだが、男の子はまったく理解してくれない。そのうちに怒り出すようになった。

「中南米より、ロンボクのほうがいいよ」

「でも、もう準備も始めているし」

「なんでだよ。ロンボクにしなよ」

あまりに一方的な言い方に私もイライラしてきた。

彼とは立って話をしていたのだが、そのとき、彼が私の右足を踏んだ。わざとだったのか、そうでないのかは分からなかったが、彼は謝ることなく、捨て台詞を残して、人ごみに消えていってしまった。

踏まれた右足はかなり痛かったが、その時点では、傷を負っているというわけでもなく、ひどいことするなぁと思った程度だった。

日本に帰国した私は、友人のインドネシア人にその話をした。するとみんなやけに驚くのだ。私の知り合いに日本人の奥さんを持つインドネシア人がいるのだが、彼はこんなことを言う。

「それはロンボクマジックだ。気をつけたほうがいいよ」

それがメチャメチャ真剣な顔付きなのだ。陽気な性格の彼は、いつも結構ふざけている。こんなふうに真面目に語る彼を見たのは初めてだった。彼いわく、ロンボク島には「黒魔術」があり、一度呪われると不吉なことが次々に降りかかるという。

「なに、脅そうとしてんの」

私が言っても、彼は姿勢を崩さない。そして次のような話をしてくれた。

「こんな話があるよ。島に有名なボクサーがいたんだ。彼はトーナメントで優勝して、賞金を手に入れた。だけど、その賞金を独り占めして、いつも世話になっている人になにもおごらなかったんだ」

「それで?」

彼の話し口調には重々しい雰囲気があり、私もいつしか身を乗り出して聞いている。

「それで、彼の周りの人間が彼にロンボクマジックをかけた。するとどうなったと思う?」

「……分からないよ」

「彼はいきなり激しい腹痛に襲われたんだ。あまりの痛みに耐え切れずに病院に駆け込んだ。すると、彼の腹の中から、なんと、やしの実が出てきたんだ」

「やしの実?」

「そう、やしの実が出てきたんだ」

腹からやしの実が出るなんて言ったら、普通は笑い話のようにしか思えないが、彼の口調がそうさせなかった。事実を淡々と語るようなのだ。またまた、ウソ言って、などとはカラかえない雰囲気だった。

その他にも、呪いをかけられて小人になったり、命を落とす人は少なくないという。私はその話を信じたわけではなかったが、不気味さを覚えずにはいられなかった。彼はその話をした後に、中南米行きは遅らせたほうがいいと言う。更に友人のインドネシア人も連れてきて、みんなで説得を始めた。いつもは陽気な面々が「ロンボクマジックは危険だから延期したほうがいい」と本気で語っているのだ。

「まー、なんとかなるでしょ」

そう言って話を打ち切ったが、彼らの言葉は頭の片隅に残っていた。

キューバで足の痛みに苦しむ私はそのときのことを思い出していた。まさか、これがロンボクマジック？　信じるつもりもないが、信じないわけにもいかない状況だった。

なぜなら、ロンボク島で踏まれたできた傷が旅の中でどんどんひどくなってきたからだ。踏まれたときは、ほとんど分からないぐらいの傷だったし、念のために消毒もしておいた。それがよかったのか、島にいるときと、その後、日本に帰ってからは、痛みはあるものの、目立つものではなかった。

しかし、メキシコに入り、その後、キューバに移動したあたりで、突然、外傷が現れ、悪化していった。これはなにかおかしい。

一説によると、ロンボクマジックというのは、呪いをかけた相手を再び島に呼びたいときにかけるのだという。そしてその呪いはロンボク島でしか解くことができないというのだ。島から離れた場所を旅しているうちに呪いが加速されたのだろうか。私は段々、不吉な感覚にとらわれていった。

とりあえず、呪いかどうかは別にして、手当てをしないと動くこともままならなかった。最初はゲストハウスのおばちゃんが傷の手当てをしてくれていた。膿をとって、塗り薬を塗り、その上に包帯を巻くといった簡単なものだ。しかし、傷は一向によくならない。

そのうちにおばちゃんも匙を投げるようになった。

「ここまできたら私じゃ無理だから、病院に行きなさい」

私はその提案に従うことにした。

話によると、社会主義の国キューバは医療費がタダらしい。

私は病院に向かった。しかし、これが「予想以上」の病院だった。

外観からして日本人が持つイメージとは異なっていた。まるで学校の1つの教室のようなのである。しかもおしっこのような臭いが漂っていて、衛生状態がよさそうには見えなかった。

その上、治療は驚くほど雑だった。

おばちゃん看護婦が担当してくれたのだが、彼女はまず私の足に巻かれていた包帯をほどいた。これがかなり痛かった。怪我をしていると分かったら、ゆっくりほどくべきだと思うのだが、包帯の端を持って、引っ張るようにするのだ。傷口がこすれて気絶しそうになるほど痛い。

傷口がさらされると、その上に無造作にクリームを塗りたくり、治療は終了した。再び包帯を巻かれたが、その手つきから「どうせ、タダなんだから、こんなもんでいいでしょ」という気持ちが伝わってくるようで、私はこんなことならゲストハウスのおばちゃんのほうがよかったと後悔した。

旅は健康にすごすのが一番だが、病気になったり、怪我を負ったりすることもある。そのときの病院選びは慎重にしたほうがいい。

雑な治療を受け、逆に悪化する例もある。あまりに雰囲気が悪そうだったら、勇気を出して、そのまま引き返すことも時には重要だろう。

もちろん、私の足はよくならなかった。

それどころか日に日に悪くなっている。いろいろな人から「にんにくを塗ったほうがいい」とか「ハッパで湿布を作って貼ったほうがいい」などとアドバイスを受け、それを実践してみたが、なんの効果もなかった。

結局、私は足を引きずりながらキューバを後にした。履いているスニーカーの外にまで膿が漏れ出してくるほど、足の状態はひどいことになっていた。その頃の日記には「明日は足が痛くなりませんように」という切実な願いが記されている。

その後、ジャマイカ入りした私は早速病院に向かった。

しかし、ここでは診てもらうことはなかった。なぜなら病院の中は血のニオイで溢れ返っていたからだ。交通事故に遭ったのか、足にパイプのようなものが刺さっている人がいたり、銃撃戦に巻き込まれ、血まみれになっている人などがいた。こんなところで診られたら、かえって悪くなる気がして、引き返したのだ。

その後、グアテマラに入る予定があったので、私はそこに賭けることにした。グアテマラのアンティグアに入った頃になると、いよいよ足が動かなくなった。地面に足がつき、ちょっとした振動があるだけで痛む。これではバックパックを背負ったまま歩くこともできない。

私は病院に向かった。

そこは少し大きな2階建ての民家という感じの建物だった。診察は2階でやっているようだ。大丈夫かなと思いながら階段を上がると、入れ違いに中から棺桶が出てきた。ドラキュラが入っているようなやつだ。これには縁起の悪さを感じずにはいられなかった。

診察室には机や薬棚があり、中年の先生が座っていた。

私は必死で足の状態を説明した。中南米ではほとんど英語が通じない。ブラジルはポルトガル語、その他の地域はスペイン語が公用語になっている。

そのため私は症状を説明できるようにスペイン語を覚えてきていたのだ。私は医者に言った。

「トレスマス　ドロール（3ヶ月間　痛いんです）」

医者はどれどれといった様子で傷口を見てくれた。その後も私はスペイン語を駆使しながら、診察を受けた。ちなみに抗生物質はアンティビオティコ、診断書はセルティフィカドメディロ、外科はセルヒアなどだ。

医者は丹念に傷口を見てから診断を下した。

「足を高い場所に置きなさい」

「それだけですか？」

私は不安になって聞き返した。それだけでよくなるとは到底、思えなかったからだ。

その上、彼の机の引き出しには、パラパラと聴診器や医療器具が入っているだけで、ほとんど空だった。後ろにある薬棚にはビンが4つぐらいしか並んでいなかった。こんなんで本当に治るのだろうか。

心配顔の私に医者は言葉を付け加えた。

「あとは、そうだな。ゆっくりしなさい」

小学生でも分かりそうな治療法だが、それ以上の言葉をもらうことはできなかった。しかし、飲み薬と塗り薬を出してもらうことができたので、彼の言いつけを守り、しばらくアンティグアで静養し、足の回復に専念することにした。

ちなみにこの治療代は結構高かった。

日記にあるメモによると、

飲み薬：240ペソ（約2700円）
塗り薬：75ペソ（約800円）
診断料：200ペソ（約2200円）

といったところだ。

ちなみにこの飲み薬を現地の人に見せると、「髪の毛が抜けるから絶対に飲まないほうがいい」と強く反対された。それに少しビビりながらも私は薬を飲むしかなかった。

海外保険に入っていたからいいが、そうでなかったら大きな負担だろう。海外ではどんな事件や事故に巻き込まれるか分からない。たまに「保険なんていらないよ」と言う人もいるが、私に言わせれば無謀極まりないことだ。たかだか数千円の保険をケチったばかりに、多額の借金を背負うことになったり、治療を受けられないというのはバカバカしい話である。

アンティグアには2週間滞在したが、その間、私は宿と病院を行ったり来たりするだけの生活を送っていた。その他の楽しみといえば、食事ぐらいだった。私は日本人宿に泊まっていたのだが、ひそかに漬物作りにハマっていた。この頃、撮った写真を見ると、ほとんどが食卓にまつわるもので、退屈振りがうかがえる。

そんな生活をしているうちに、医者の言いつけを守ったのがよかったのか、薬がよかったのか、傷口はどんどんよくなってきた。1週間もすると膿は引き、10日ほどで動き回れるようになった。

ある日、私はメールチェックをするため、ネット屋に出かけた。

すると受信ボックスに知り合いからのメールが来ていた。

インドネシア人を旦那に持つ日本人女性からだった。彼女には「ロンボク島で踏まれた足が大変なことになっている」とメールを送っていたのだ。その返信がきていた。

「それはロンボクマジックだよ。その後の旅も気をつけたほうがいいよ」

少し前の私なら弱気になっていたことだろう。

しかし、足は随分とよくなっていた。

私はメールを彼女に送った。

「グアテマラでロンボクマジックはやっつけたよ。これから楽しく旅を続けまーす」

その後、私は元気にメキシコ入りした。

## 過激すぎるペルーの反戦デモ

日本では大規模なデモや暴動など、過激な政治運動は珍しいが、海外では頻繁に行われている。最初は自分たちの主張をしているだけなのだが、だいたいエキサイトし、喧嘩が始まったり、死者が出ることもある。

2003年3月、ボリビアのラパス。

ちょうどイラク戦争が始まると騒がれていた時期で、南米では反米運動が盛んになっていた。街の雰囲気がピリピリしているし、人の表情も険しくなっている。そもそもラパスは危ない街なのだが、この時期は特に危険度が増していた。

3月8日、朝起きてバスに乗ることにした。ゲストハウスから坂を下ったところにバスのピックアップポイントがある。

ピックアップポイントの通りに出て、ふと横を見ると、目の前の建物が煤で黒くなっている。ガラスもすべて割られていて驚いた。前日までは綺麗な建物だったはずだ。この変わりようはなんなのだろう。

通りに立っている現地の交通整理のおばさんに聞くと、

「昨日の夜、暴動があった」

という答えが返ってきた。

「なんで？」

「コカの栽培をアメリカ政府が全面的に禁止して、そのことで農家の人が怒ってこうなった」

コカというのはコカインの原料のことで、標高の高いラパスや南米全般では高山病に効くとして広く使用されている。薬物として用いられることもあるが、それ以上にコカ茶として一般的に飲まれているものだ。たとえば昼食をレストランに食べにいくと、食後に「コーヒー？コカ？」と聞かれるほど国民に定着している。

しかしアメリカからしてみればコカインの原料であるコカはぜひとも禁止したい。

そこでアメリカ政府は暴挙に出た。

コカ農家が毎日毎日丹念に水をやり精魂込めて育てたコカ畑に、葉っぱを食い荒らす虫をまいたのである。その虫は瞬く間に葉っぱを食べ、

暴動によって、焼かれ、窓ガラスが割られた建物。

コカ畑は見る影もなくなってしまった。葉っぱだけが食べられ、すでに「コカ畑」ではなく「コカ枝畑」のようになっている。

農家のおっちゃんやおばさんの気持ちも考えてもらいたいものだ。それも虫をまくというところがずるくてイヤだ。訴えられたとしても、虫が勝手に増えたんだろと言い訳するに決まっている。

コカ畑のおっちゃんやおばさんは当然のように怒った。燃やされた建物はアメリカ資本の会社だったらしく、農家による暴動にまで発展した。南米の人たちのアメリカへの憎しみは深く、常にこのような事態が起こる危険をはらんでいる。

燃やされた建物を見ていると、ここまでやるかという気持ちがある一方、大事なコカ畑を燃やされたおっちゃんやおばさんの心境も痛いほど伝わってきて、やり切れない気持ちになった。

その3週間後、私はペルーのクスコにいた。

戦争もいよいよ始まり、連日のように大規模なデモがアルマス広場で行われている。

参加者は様々で、平和を願うために噴水の周囲で瞑想しているグループもいれば、派手なプラカードを持ち絶叫するグループもいた。

街の壁には「ブッシュ人殺し　イラク最高！」などという落書きも目立ち、街には反米感情が溢れ返っていた。

3月27日、広場の一角に大きな白い紙が貼られた。好きなことを書いていいらしい。それはたちまちのうちに埋め尽くされた。

書かれているメッセージを見ると、平和を願っているものはほとんどなく、やはりブッシュへの怒りやアメリカへの憎しみをつづったものばかりだった。私は複雑な心境だったが、「平和」と漢字で書いておいた。

この状況は日本人である私にも非常に居心地の悪いものだった。

南米の人たちは、日本はアメリカの手下で戦争に加担する国の1つだという見方をしており、日本人への風当たりも強くなっているのだ。

反戦ポスターの中には、アメリカの少年がテレビを抱えており、その背後に抑圧される各国の民族が描かれているものもあった。そのテレビの画面を見ると「JAPON」という文字もあり、明らかに日本を敵視しているのだ。

実際に私もすれ違う人に「JAPON」とからかうように言われたし、石を投げられたり、唾をかけられたりした人も多かった。旅行者は国同士の揉め事になると、た

ピースマークのプラカードを掲げて行進する。

ちまち弱い立場に追い込まれる。

28日の夜、アメリカの国旗が広場でたなびいていた。

それを市民が取り囲み、アメリカへの批判演説をしている。そのうちに市民は加熱してきて、誰かが旗にライターで火をつけた。

たちまち火は燃え上がり、旗を持つペルー人は、どうだ、と言わんばかりの様子で旗を激しく振っている。それに合わせて周囲の人々の興奮も高まっていく。拳を振り上げ、目を血走らせ、みな声を合わせ、反米を絶叫する。
2、3分もしないうちに半分以上燃えた旗はドラム缶に投げ捨てられた。
これで終わりではなかった。

次に広場に掲げられたのは日の丸の旗だった。

やっぱり、そうきたかと思っていると、アメリカの旗にしたのと同じことになった。日本はアメリカの言いなりの国だ、と口々に叫び、日本の旗に火がつけられた。国旗が燃える光景というのは、その国の人にしか分からないだろうが、かなりショックなものだ。

それ以上、広場に残っていると日本人ということだけでリンチを受けるかもしれない。私は燃えていく日本の旗に背を向けてゲストハウスへの道を急いだ。

## 恐るべしマンコカパック

ボリビアのラパスで見た情報ノートに「マンコカパックは素晴らしい」という書き込みがあった。

私はボリビアからペルーに入り、チチカカ湖の周辺に滞在する予定だった。しかしチチカカ湖の周りにはまともな宿がないらしく、どこに泊まるべきか悩んでいた。

そんなときに見た情報ノートにあったのが「マンコカパックは素晴らしい」なのだ。そこには「24時間ホットシャワーが出る」「安くて綺麗」といいことばかりが書かれていた。そこまで書かれたら行くしかないでしょう。

私は誉れ高きマンコカパックに泊まることにした。

ホテルに着いて最初に思ったのは「情報ノートありがとう」だった。

外観は明るいピンク色の壁で、全体的に清潔感が漂っている。しかも周囲に人通りが多く、安全面でもよさそうだ。

受付けをすませ、階段を降りていくと、共同シャワーがたくさんある。蛇口をひねれば久し振りのホットシャワーで、これだけで訪れた価値があるってものだ。部屋に入っても期待が裏切られることはなく、光が差し込むし、とにかく綺麗。

更に宿泊費が安く、その日の日記には「大決定！」と書かれており、大喜びの様子が窺える。

結局、私はこのホテルに8日間滞在した。居心地がよかったからそんなに長く泊まったのだ。

しかしチェックアウトするときに思ってもいない問題が発生した。

フロントでお金を払おうとしたときに、あたかも待ち構えていたかのように掃除係りの男がシーツを持ってきた。彼は自信に満ち溢れた表情で、

「この穴を開けたのはお前だろう？　50ドル払え」

と言ってくる。

なんなんだ、こいつはと思い、シーツを見ると、マンコカパックのロゴの部分が切り取られている。

あれっ、こんな穴あったっけと一瞬、呆気に取られるが、その穴というのがあまりにも見事にカッターで切り取ったものなのだ。どう考えてもお前がやったんじゃないか、これが手口なんだろうと笑いそうになってしまう。

するとキャッシャーの男がカウンターから出てきて深刻そうな顔で、

「なんてことしたんだ。日本人はいいやつばかりなのに、こんなひどいことは初めてだ」

などと言ってくる。掃除係りの男は何度もしつこく、

「50ドル払え」

を繰り返す。

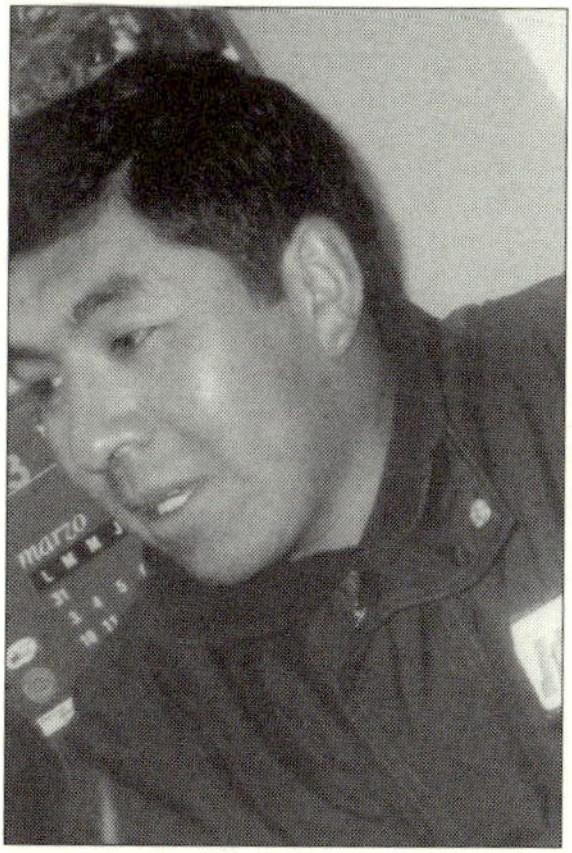


③犯人は掃除係り。

①マンコカパックで快適な日々を過ごす。

④警察がやってきて足止め。
その日のチケットはパー。

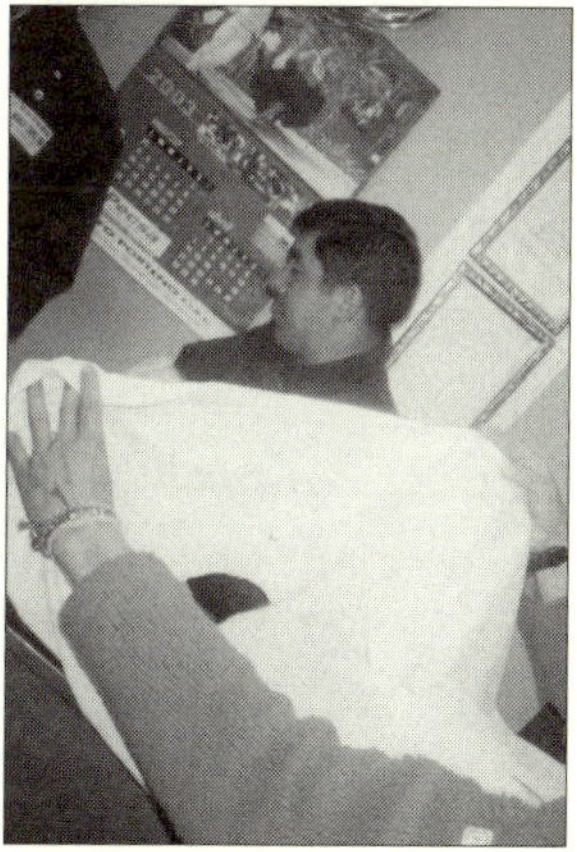

②チェックイン時に掃除係りが穴のあいたシーツを持ってくる。

開けてもいない穴で金を払うはずがない。むしろあまりに2人が演技っぽいのでこっちはウケてしまう。

ぐだぐだやっていてもラチがあかないのでツアーポリスを呼んでくれと言うと、ポリスとグルになっているのか分からないが、案外すんなりと呼んでくれた。

ツアーポリスはなんと5人やってきて、フレンドリーな感じだった。しかしそれで解決というわけにはいかず、「開けた」「開けてない」のやり取りを延々と4時間も続けることになった。

ホテルのオーナーが飛び入りで参加して話をややこしくしたり、掃除係りのやつはいつまでも嘘をついていたりと面倒くさかった。

ようやく50ドルを払えという言いがかりは引っ込められたが、話が長引いたせいでその日乗る予定だったクスコ行きのバスのチケットがふいになった。

私はつまらない言いがかりをつけられた上に、チケットを無駄にしたので頭にきて、キャンセル料を払えと詰め寄ったが、結局もらうことはできなかった。

あの情報ノートはなんだったのか?

泊まっているときはよかったが、最後の最後にこんなことがあるので気をつけなければならない。

チチカカ湖周辺に泊まる人はマンコカパックに要注意。

## オーストラリアの密猟者

2000年4月、オーストラリアのケアンズにいた。このときはテレビドラマの撮影で1ヶ月間ロケをしていた。私の他にスタッフと出演者で総勢20人ぐらいはいたと思う。

ロケ場所の1つに夜中のジャングルがあった。

もちろん危険なのでテレビスタッフだけで行くことはできない。現地のコーディネーターなどがっちりとついてくれ、特別に撮影することができた。

3時間遅れで撮影は始まり、すでに24時を回っている。

周囲に明かりなどなく、車のライトと照明がともっているだけだ。耳鳴りがするような静けさに包まれており、闇はどこまでも続いていた。

ただでさえ不気味な状況なのに、いきなり1人の女性タレントが声を上げた。

「なに、あれ」

彼女が指差す方向を見ると、赤い光が20個ぐらい森の奥に浮かんでいる。

コーディネーターによると、それはワニの一団で光に反応して集まってきたということだった。ワニまでの距離は50メートルぐらいあるものの、真っ赤な目でじっと見られているのだから怖い。それにワニは案外、足が速いらしく、一斉に襲われたら大惨事になる。

更に雨まで降り始め、撮影が困難になってきた。

この日は撤収することにし、ロケバスまで走って戻ると、その途中で予想外の光景を見た。

暗闇の中に誰かいる。

闇の中にジープが停まっており、その周囲にガタイのいい男が5、6人いるのだ。

彼らは手に大きな物体を抱えており、ジープの荷台に積み込んでいる。積み込むときのガタンという大きな音が響く。

最初はなにをしているのか分からなかったが、明らかにヤバイ雰囲気だ。

彼らも私たちに気付き、慌てたように動きが早くなってきている。しかも猟銃のようなものを背中に抱えているではないか。それに2、3人の男は威嚇する目付きで私たちを睨んでくる。

現地のコーディネーターも彼らの登場には戸惑っているようで警戒する姿勢を崩さなかった。

少し目が慣れてくると、彼らが荷台に積んでいるものが見え始めた。

魚の尻尾のようなものが見えたのだ。

その一帯は自然保護区になっており、イルカやクジラ、珍しい魚なども多い。彼らはどうも禁止されている場所で狩りをする密猟者のようだ。

振り返ればワニの目が光り、前には密猟者グループがいる。もはや現地コーディネーターもどうすることもできない。密猟者たちの姿を完全に見てしまっているし、口封じのためになにをされるか分からない。

それに私たちはカメラを持っているから、彼らが証拠を撮られたと勘違いすることも考えられ、絶体絶命の状況だった。ワニも怖いが、やはり人間の方が怖い。

「行きましょう」

と誰かが小声で言い、私たちは密猟者グループになるべく目を向けないようにして足早にロケバスに向かった。

バスに乗り込む際も彼らの動向が気になってしょうがない。声をかけられたらどうすればいいのか。彼らが抱えていた猟銃が頭にちらつく。

私たちは息を詰めながらロケバスに乗り込み、ドアを閉めた。安堵する空気が一瞬流れたが、まだ安全と決まったわけではない。運転手はすぐにロケバスを出発させた。彼らからだいぶ離れるまで、しばらく誰も口を開かなかった。

## バブーンの襲撃

ケニアは言うまでもなく野生の王国である。人間と動物が共存している最も顕著な場所だろう。そのため動物がらみの被害も多い。

ナイロビから5時間ぐらい車で走ると、マサイマラという国立の自然保護区がある。そこに有名なマサイ族が住んでいる。

マサイ族は緑によく映える赤い衣装を着ていた。彼らは牛の糞で固めた家に住んでいて、通気性がよく涼しいらしい。家の周りでは牛、山羊、ろば、シマウマなどが群をなしている。

完全に観光地化していると聞いていたのであまり期待していなかったが、マサイ族のジャンプ力や足の独特のペイントには感動した。

ツアーの目玉であるサファリウォッチングに出かけた。

ジープでサファリを走ると、キリンやトムソンガゼルはたくさん見かけたが、ライオンは2匹しかいなかった。ライオンは人気が高く、たった2匹しかいないのに観光ジープが何十台も群がっていて、なんだか気味が悪かった。しかも観光客は白人ばかりで、サファリに合わせてきたのか迷彩のサファリルックで固めている。

その日はサファリにテントを張って泊まることになった。しかし動物が近付いてくると危ないため、マサイ族の戦士が1つのテントに1人ずつついてくれる。もちろんそれもツアー料金に含まれているのだ。

夜中は虫の音と、遠くで吠える動物の声だけが聞こえた。

翌朝、甲高い鳴き声で目が覚める。

何事かと思いテントの外に出ると、隣のテントの周りで4、5匹の猿が喧嘩をしている。サファリの猿だけあって野性味に溢れていて凶暴だ。観光客は見ていることしかできなかった。

するとマサイの戦士が棒を持って、叫び声を発しながら、猿の群に向かっていった。猿は呆気なく逃げていき、マサイの戦士をテントに配置する理由を観光客全員が分かった。彼らでなければ猿の喧嘩に飛び込んでいくことはできない。

サファリには5日間泊まったが、ある日、朝食を外で食べてテントに戻ると、テントが壊されている。

強盗でも入ったのかと思うが、テントがもぞもぞと動いている。強盗だとしたらのろまなやつだ。私はマサイの戦士に頼んで

バブーンの親子。

一緒にテントに近付いていった。

マサイの戦士が声をかけながらテントを開けると、中から物凄い勢いで2匹のバブーン（大型の猿）が飛び出してきた。バブーンは口にバナナをくわえ、マサイの戦士が追うより早く逃げていってしまった。

相手がバブーンだったため金銭面の被害はなかったが、あとあとまでテントがバブーン臭かったのがツラかった。おかげで私のサファリのイメージはバブーンの臭いになった。

ケニアはナイロビでは人に怯え、サファリでは動物に怯えなければならない。どちらにしても命ぎりぎりのところで生活しなければならない。ここまで両極端な一面を持ち、そのいずれもが危ない国はないだろう。

## カイロの女ソルジャー

入国は旅の大きなイベントの1つだ。ここでつまずくとその後の旅がどんよりすることもあるし、実際に私はここでつまずきやすい。

仕事柄、一時期は海外に1年のうちで200日近く滞在することが当たり前になっていた。私の3年間パスポートはまだ期限が2年も残っているのに、枚数が足りなくなり増刷した。

この時点で普通ではないため、イミグレーション（入国審査）でチェックされることになる。

それもインドネシアから帰ってきて2日後にロスに行き、ロスから帰国し、3日だけ日本にいてまたオーストラリアに行くなどという無茶なスケジュールがしょっちゅう組まれていたのだから、イミグレ側としては「この人、なんなの？」と思うのもしようがない。スパイ疑惑など数え切れない

パスポート写真の私。

ほどある。

しかも私はバツイチで、メインの身分証明のページの名前が変更されている。そこには結婚していたときの苗字が書かれているのだ。ページには「ｓｅｅ　４Ｐ」という注意書きがあり、入国の際には4ページ目を見てもらわなければならない。そこに初めて「岡本まい」と書かれており、旅行券と合致するのだ。

これも誤解を受けやすい一因である。インドネシアから日本に帰るときは、

「こんなパスポートは初めてのタイプで見たことがない。偽造じゃないのか」

と疑われ、1時間近く拘束されたこともあった。

「離婚したんだ」

と説明すると、興味本位なのか仕事なのか、

「なぜ、離婚したんだ？」

と憐れんだような感じで聞いてくる人までいて、ほっといてくれという気持ちになる。

２００2年2月、タイからエジプトに入ったときのことだ。

バックパックを背負ってイミグレのカウンターに行くと、検査官のおっちゃんは私とパスポートの写真を何度も見比べている。しまいには別のおっちゃんまで呼んでいる始末だ。２人の検査官は思いっきり疑う目で私を見ている。そして検査官が言ったのは、

「他に身分証明書はないのか？」

という言葉だった。

「ない」

と答えると、

「これ、別人だから」

と言われる。

これでようやく意味が分かった。パスポートにある私の写真はスパイラルパーマをかけ、うしろの壁紙が映っていないぐらいの髪形になっている。半アフロ状態だ。インドではサイババと呼ばれ、インド人と仲良くなれるというメリットもあった。

しかしエジプト入国時の私の髪形はなんと6ミリの丸坊主。これはその後のアフリカ旅行に備えての髪形だった。水が出にくい地域で髪が長いと洗うことができずに苦労するが、坊主ならばなんとかやっていくことができると思ったのだ。

しかしこれが裏目に出た。私がこりゃあ、たしかに別人だわと思っていると、検査官

坊主頭の私。
ソルジャーに間違えられるのも分かる気がする。

から決定的な言葉がかけられた。

「ARE　YOU　SOLDIER？」

もちろん「NO」と答えるもののおっちゃんは怖いぐらいの真顔だ。どうもおっちゃんは私をテロリストと勘違いしているようだ。

私はカウンター前のベンチで待つことを命じられ、おっちゃんたちはパスポートを持ってどこかに行ってしまった。

旅行前にアフリカに関しては、パスポートを盗まれることやワイロを要求されることが多いなどという情報を聞いていたから、パスポートが無事に戻ってくるか不安になる。しかし私には待つことしかできない。パスポートがなければどこにも行くことはできないのだ。待つこと2時間。

おっちゃんが戻ってきた。私は緊張したが、おっちゃんはパスポートを差し出し「行っていい」と指で示した。

なんとか入国することはできたが、ほとほと自分のパスポートには手を焼かされる。パスポート写真の髪型は特徴のないものにした方がよさそうだ。

## ゲイのロイヤルパラダイス

タイのプーケットにロイヤルパラダイスというホテルがある。このときは仕事での滞在だったため安宿でもドミトリーでもなく、ちゃんとしたホテルに宿泊することになっていた。

しかし宿泊先のロイヤルパラダイスは普通ではなかったのだ。

プーケットに着いたのは昼で、さっそくホテルに向かった。

昼間だったにも関わらず、なぜか周囲の店は全部が閉まっていた。店の外観は赤い屋根のオランダ風で、全体的にお洒落な造りをしていた。

ロケが終わり、夜、ホテルに戻ってくると、昼とは雰囲気が一変していた。すべての店がオープンし、若い男の子がたくさんいる。しかしどこか違和感がある。男の子たちがなよっとしているように見えるのだ。シナを作って歩いていたり、瞬きの回数がやけに多いのが気になる。

そのときに一緒に仕事をしていた今はタレントもしてるヘアメイクのオグネエの目が輝き出した。彼は30代前半の元ＪＵＮＯＮボーイでメチャメチャカッコよく女の子からもモテるのだが、実はゲイである。その彼のアンテナがこの一帯に敏感に反応しているのだ。

どうもこの一帯はゲイタウンになっているらしい。そう思って見ると、たしかに外を歩いている男の子や飲み屋から出てくる男の子はゲイらしいのだ。

オグネエはかわいいゲイの子を探したいらしく、一刻も早く街に出たいとうずうずしている。

一旦ホテルに帰ると、ホテルのロビーに3人組の男の集団があった。彼らはオグネエに声をかけてくる。それも全体的にたおやかな様子で、どうも彼らもゲイのようだ。

オグネエは自分がロイヤルパラダイスに泊まると分かった時点ですべてを理解し、事前に日本からゲイ仲間を呼んでいたのだった。ここはゲイの中でも有名な世界的なゲイタウンらしい。あっという間にゲイに囲まれた私はこの展開が面白くてしょうがなかった。しかもみんな明るい子で一緒にいるとそれだけで楽しい。もちろん男友達といる感じではなく、女友達とつるんでいる感覚である。

オグネエの友達の1人のゲイの子が、

「ここは私たちにとってパラダイスなのよ。ゲイにとってのね」

と言っている。

なるほど、ある意味、ロイヤルパラダイスだ。

私はゲイ仲間と連れ立って夜の街に出ることにした。オグネエたちの気合の入り方は並ではなく、このためにお洒落着を持ってきているほどである。

外に出て周囲を見渡せば、男の子がみんなくねくねして歩いている。

私たちが通りを進むと、建物の2階から現地のゲイが「サワディーカップ」と明るく声をかけて手を振ってくる。こちらのゲイもそれに「こんにちはぁ」と明るく答え、2ヶ国間のゲイ

ゲイ日本軍。右から２人目がオグネエ。

こちらはタイ軍。２つの軍団はライバル心を燃やしていた。

の交流がはかられている。基本的に相手がゲイであるというのはアイコンタクトで分かるらしく、いたるところから声をかけられる。

その他にもここにゲイを買いにくる人も多く、可愛らしいゲイをつれた白人のオヤジをよく見る。この白人のオヤジは変態っぽくてなんだか気持ちが悪い。

私たちは1軒の店に入った。

中は大きなカラオケボックスのようで、お立ち台もあり、そこで現地のゲイが踊っている。彼らの前には全身の映る鏡があって、彼らは自分の踊る姿を見てうっとりしている。

私たちはしばらく席に座ってお酒を飲んでいたのだが、オグネエや日本のゲイたちが現地のゲイにライバル心を見せ始めた。どうも彼らに踊りを見せつけられているような気がするらしい。オグネエは、

「私の方がうまいわよ」

と言い、ゲイ仲間を誘ってお立ち台に向かった。

しかし私に言わせれば、うまいもへたもなく、ただくねくねしているだけにしか見えない。

その夜、店にいるゲイはくねくねと踊り続け、オグネエたちは日本からきたゲイとして一躍ヒーローになっていた。いや、ヒロインだね。

その後、オグネエの友達の1人の子は現地のゲイを買ったらしい。

しかしその子は楽しい夜を過ごすことができなかった。

自分のタイプの男の子を見つけ、部屋に連れていったのはいいが、「彼女?」がなにをしてもその子のモノは反応しなかった。しかし商売なので、これではいけないと男の子は自分で自分のモノを必死で勃たせようとしていた。

その光景を見ていると「彼女」はむしょうに悲しくなってきたという。それ以上はかわいそうになってしまって、2000円ほどのお金を握らせて男の子を帰したらしい。

## インド人が死にたい場所

バラナシはインド最大の聖地で、死にそうな人がインド中から集まってくる。ここで死ぬことを彼らは名誉と考えていて、自分の体が焼かれてガンジスに流されることを望んでいるのだ。そんな生と死の境界線のような場所だから、観光客にも人気が高く、世界中から多くの人が訪れている。

しかし神聖な場所である上に様々な人がいるものだからトラブルも多く、事故に巻き込まれたり行方不明になったりということも起こりやすい。

聞いた話だが、日本人の若者がインド人と空手の型をして遊んでいた。しかしいつの間にか、お互いに本気になり、思いきり殴りあったり蹴りあうようになった。

一度はそれで終わったのだが、若者が宿に戻ると、インド人たちが大勢で押しかけてきたという。恨みかなんなのか分からないが、彼らは興奮状態にあった。そして日本人の若者をハリツケ状態にして、全員でリンチし、殺してしまったという。

宿を選ぶときも充分注意しなければならない。

鍵をかけていても壊して平気で入ってきたり、窓から侵入して物を盗んだりということは頻繁に起こっている。

揉めたら揉めたで、宿は名前を変えて経営を再開する。だから旅人から情報を仕入れていても、すでに名前が変わっていて知らずに泊まり被害に遭うこともある。

バラナシの宿や商店はだいたいが夜の10時になると閉められる。安全上の理由らしいが、それで宿から締め出されて大変な目に遭う日本人も多いから、注意した方がいい。

いざホテルに入って部屋が安全そうに見えても、油断してはいけない。最後に重要なのは眠る場所だ。当たりベッドと外れベッドが存在するのだ。

前に泊まった宿泊客の寝ていた人型が残っているなどというのは当たりの部類である。外れベッドは南京虫の住処になっているのだ。

南京虫はスイカの種のような形の虫で噛まれると非常にかゆく、噛まれた場所からは汁が出てその汁がついた場所もまたかゆくなるという、最悪の虫だ。特に女性にはたえられない。

南京虫のいるベッドは一旦部屋の外に出して煙で炙って、虫を追い払わないと寝ることができない。安眠前にとんだ一仕事だ。

友達の中には、ベッドに南京虫が繁殖していて、暑いからと窓を開けるとゴキブリが飛び込んできて、部屋の床には鼠が這いまわるという部屋に泊まった人がいるが、それもインドならではの宿だろう。

私は2002年3月、バラナシにいた。インド一周の途中で立ち寄ったのだった。

事前にバラナシに行った人たちから情報を集めていたので、滞在するのがとても楽しみだった。

私はシバゲストハウスに泊まっていたのだが、そこから1、2分でガンジスに出ることができる。屋上にのぼればガンジスを一望することもできた。

ガンジスの第一印象は、「思ったよりも綺麗」だった。

それまでに散々、汚いとか、病気になるとか、排泄をしているとか、死体が流れているとか聞いていたから、すごいものをイメージしていたのだが、それほど汚いとは思わなかった。

初死体を見たのもバラナシだった。

ガンジスの川岸ではいたるところで火葬が行われている。キャンプファイヤー状に組み合わされた木に囲まれて遺体が手を組んで寝ている。

この薪は1本いくらと値段が決まっていて、金持ちになるほど薪の量が多い。

夜の火葬は街に明かりを灯す。炎が燃え上がり、煙が立ち昇り、焼かれる遺体が街を包んでいるような錯覚に陥る。

遺体は燃やされると、筋肉が縮こまり、徐々に手が上がってくる。それから腸や胃などの内臓が破裂するように腹を破って出てくる。腹の上に臓器が乗っかっている形だ。

顔は皮膚がパリパリにひび割れたようになり、そのひびの間から肉汁が滲み出してくる。たまにポンと皮膚がはじける音がする。

その光景を遺族は笑いながら見ている。

歌い、踊り、この儀式を楽しんでいるかのようだ。ここで焼かれることは名誉なのだから、おめでとうと死者を送り出しているようにも見える。決して泣いている人などいない。

火葬の横では結婚式をしている人もいて、本当にこの場所は様々なものが混ざり合っていると実感する。

また1体、また1体と遺体は運び込まれてくる。

火葬場の従業員はテキパキと働いている。彼らにとっては日常的な仕事なのだ。

ここは写真を撮ることが禁じられており、隠し撮ったとしても、必ず密告されるらしい。聖なるものを映すなということなのだろう。カメラを持っているだけで多くの人が注意しにくるほどだ。

ガンジスは旅行者のものではなく、すべての人の深い河なのだ。

ガンジス川の対岸は不浄の地とされる。

向こうには現地で最低とされる身分の人た

ガンジス川の対岸。
木がのしかかるように生えている。

ちが住んでいて、通常立ち寄る人はいない。

雨季になると水かさが増して沈んでしまうから、彼らが家を持てるのも乾季だけだ。

しかし私はそんなことをまったく知らなかった。

宿からガンジスを見ていて、向こう岸もあるんだと思い、行ってみたくなったのだ。向こう岸に行く渡し舟は基本的にないが、ボートこぎの人に頼むと、快く向こうまで行ってくれた。

ガンジスを渡っているとき、きた方向を見ると、火葬の煙が上がり、大勢の人で賑わっている。

それに比べ対岸は砂漠のような土地になっていて、人がぽつぽつといるものの、ひっそりと存在していた。

対岸に着いた。私はボートを降り、ボートこぎのおじさんに、少し待っててと言い、対岸を探索することにした。

土地は白っぽい砂漠で、しばらく進んでいくと、何本かの道らしきものが出てくる。たまに歩いている人がいるが、彼らの表情はどこか暗い。着ている服も満足なものではないようだ。

更に歩くと、砂漠の向こうに林らしきものが見えてきた。竹と椰子の木のみが生えている。周囲には野うさぎが跳ね回っていて、私は竹を切り開いて作った細い小道に入っていった。しっかりと舗装しているわけではないから、足首のあたりを枝がちくちく刺して痛い。

人の住居はもっと奥に入ったところにあり、住居の壁は牛の糞かなにかで作った土壁のよう

対岸に住む人々。

彼らの住居。雨季のときにはどうなるのだろう？

だった。

彼らはフレンドリーな雰囲気で、こっちにこいと手招きをしてくるが、英語がまったく通じなかったので、私はにこにこしながら断っていた。3、4軒の家が密集していて、しばらくいくと、また3、4軒の家があるという一帯だった。

私はすれ違った女性に、写真を撮ってほしいと身振りで説明し、カメラを渡したが、彼女はカメラを触ったことがないらしく、困惑した表情を浮かべた。

私はカメラの使い方を説明し、彼女に撮ってもらった。こちらからも撮ってあげると、彼女は照れたような顔をして笑った。

私はきた道を引き返し、ゲストハウスのある岸に戻り、そこで初めて対岸が不浄の地と呼ばれていることを知った。宿のオーナーのインド人は、

「対岸は危険だから行っちゃダメだ」

と怒ったように言っていた。

しかし私にとってみれば対岸の方が楽園だったように感じられた。私の泊まっている側の川岸は砂埃が立ち上り、インチキインド人なども多いが、対岸には自然の風が吹き、そこにいる人たちも素朴だった。

カースト制度の身分も私たち旅行者にはなんの障害にもならない。

## 焼かれた遺体とツーショット

プリーの火葬場で私はシャッターを押した。しかしトラブルは起きなかった。それは私が毎日のように自転車をこいで火葬場に通っていたからだ。

そのうちに遺体を焼くにおいが体に染み付いてしまって、宿のおばちゃんからは「死体のにおいがする」と煙たがられた。においといっても香ばしい肉を焼いたようなもので、私はくさいとは思っていなかった。

プリーの火葬はバラナシのものと比べるとスケールが小さい。焼かれる人たちが貧しいこともあるが、薪の量が少なく、オイルをかけて焼いている。

それほど効率よく焼けるわけではないから、何度も何度もオイルを追加し、しまいにはまんべんなく焼けるように棒で遺体を叩き出す始末だ。

死んでまでバシバシ叩かれるなんて遺体

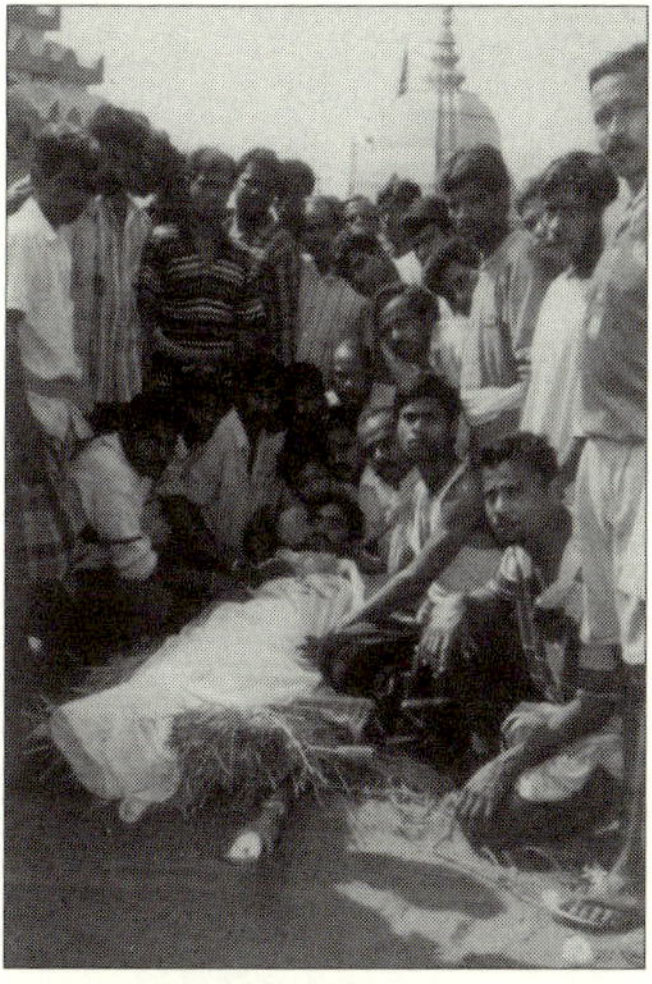

これから焼かれる予定の遺体。
撮影することに不安はなかったが、やはりみなさんの目は怖い。

がかわいそうになってしまった。

遺体の中には電車事故で上半身と下半身が真っ二つになって、下半身の上に上半身が垂直に乗せられているものや、事故に巻き込まれ顔がぐじゃぐじゃになっているようなものもあった。

初めてインド人以外の遺体を見たのもプリーだった。

ドラキュラが入っているような棺桶が運ばれてきたので、現地の人に聞くと「彼はここで死ぬのを願って、この国に運ばれてきたんだ」という答えだった。

どこの国の人かは分からないが、彼がここを選んだ気持ちは分かる。バラナシとは違って目の前は海になっていて、そこに沈む夕日は真っ赤で、このような光に包まれて焼かれるのもいいかもしれないと思わせる。

私に写真の撮影許可を与えてくれたのは火葬場の従業員のお兄ちゃんだった。

いつも私が通っているものだから、そのお兄ちゃんは私が顔を見せると「今日もすごいの入ったぞ」と教えてくれるまでになっていた。

そして撮影してもいいと言ってくれたのだ。

私が手を振ってみんなを呼んで「撮るよ」と言うと、いかつい顔のインド人が一斉にこっちを向いた。

最後に私は焼かれた遺体とツーショット写真を撮ってもらった。現地の人によると、彼は酒ばっかり飲んでいたバカだったらしい。しかし人も焼かれてしまえば、みんな一緒だ。

死んでまで「バカ」と言われるとは、彼もかわいそうだ。
しかしその発言こそが死を寛容に受け止めるインド人らしくあったりもする。

## 孤児の家と死を待つ家

カルカッタはインドの中でも路上生活者が多く、彼らは寝るのも路上、メシを食うのも、物乞いをするのも、勉強するのも、遊ぶのも、水を浴びるのも路上である。

マザーテレサはそのような状態を見て、路上生活者の救済施設を作った。

路上には日常的に子供が捨てられており、マザーの1日の最初の仕事は、朝起きて子供が捨てられていないか見て回ることだった。子供がいると連れてきて病気にかかっていないか検査し、「孤児の家」で里親が見付かるまで育てる。すでにマザーは1997年に亡くなっているが、孤児の家は今でも彼女が生きていた頃と同じ活動をしている。

私は少しでも手伝いをしたいと思い、カルカッタに行ったときにマザーの家を訪ねた。ボランティア活動をするためには事前に申請をしなければならない。

マザーの家に着くと、周囲には立派な車がたくさん停まっており、インド人が大勢警備にあたっていた。イメージしていたマザーの家とはまったく違っていた。報道陣らしき人が家を取り囲むようにしていて、テレビカメラなどの機材も見えた。

警備のインド人になにがあったんだと聞くと、

「クリントンがきてる」

とのこと。

それで警備が厳重になっているということだった。私は中に入ることができなかったが、夕方になってもう一度行ってみると、マスコミの集団は撤退しており、中に入ることができた。

「明日からボランティアをしたいんですけど」

そう私が告げると、受付けの人は言った。

「では、朝8時にきてください」


翌朝8時にマザーの家に行くと、孤児たちの生活する部屋に通された。造りは学校のような感じになっている。部屋の大きさは体育館の半分ぐらいで、そこに子供が40〜50人いた。

子供たちは1歳から小学生ぐらいまで幅広くいて、みな「ママー、ママー」と言いながら泣いている。

子供の中には腕や足がない子も多く、足がな

マザーハウスのシスター。

く腕だけで動き回っている子などもいた。

部屋には窓があるのだが、そういう子は窓から外を見ることができず、抱えて外を見せてあげると、外に出たいといった悲しい表情をする。子供たちは母さんの取り合いをするように泣き叫び、ボランティアに抱かれることを待っていた。

働いているのはマザーの家のシスターが5、6人と、現地のボランティア、そして各国からくるボランティアで総勢15人ぐらいだった。ボランティアはエプロンや割烹着姿で働いている。私にできることはだっこしてあげたり、体が不自由な子供に食べ物を食べさせてあげることだった。

しかし食べ物は毎日同じカレーらしく、子供たちは「こんなもの食べたくない」と泣き叫ぶ。シスターはその口をこじ開けて無理やり食べさせていた。子供の中には、抵抗としてカレーを吐き出す子もいた。ボランティアを長くしている日本人に、

「クリントンどうだった？」

と聞くと、

「最悪」

という言葉が返ってきた。

カメラが朝から回るため、子供たちは朝食抜きだった。

いつも着ているぼろ布のような服では印象が悪いからと綺麗な服に着替えさせられる。その

着替えの作業も一苦労で、子供は不機嫌になり泣いてばかりいた。

クリントンが登場し、カメラの前で子供を抱き上げた。

笑顔を作りながら子供に語りかけ、頭を撫でたりする。カメラが止まると、クリントンはすぐに子供をシスターに返却し、その作業を何回か繰り返した。

そんな状態で撮影は終わり、クリントンはノルマをこなした顔で帰っていったという。ボランティアはそれを軽蔑したような眼差しで見ていた。

いかにもアメリカっぽい話だ。

マザーが作ったものは「孤児の家」だけではなく、「死を待つ家」もある。

ここには死にそうで身寄りのない人が入ることが多い。彼らは死を待つ家でじっと死ぬことを待っているのだ。バラナシの死を待つ家には2種類あり、金持ち用と貧しい人用に分かれている。私が見たのは貧しい人用のものだった。

建物は4階建ての石造りで、だだっ広い空間に人が雑魚寝をしている。

中にはほとんど日が入らず、空気も重くムシムシしている。死をはらんだ空気が充満しているようだ。死を待つ家の外にはインチキインド人がたまっていて、

「この人たちの薪代をくれ」

と言ってくるが、彼らはボランティアでもなんでもなくたかりの口実をつけているだけだ。

たかりのインド人は病人を指差して、

「ほら、寝てるだろ、こういうやつらは身寄りもないし、薪もないんだ」

と言ってくる。

それに比べるとカルカッタの死を待つ家は、消毒液のにおいが漂っていて清潔だった。そこでも私はボランティアをしたが、やることはほとんどない。死にそうな人の側に寄り添って手を握ったり、体を拭いたり、話を聞いて相槌を打つぐらいのものだ。

中には頭に銃弾がめり込んでいるような人や、体から白い粉がふき半目になっている人もいた。しかし悲劇的な様子ではなく、彼らはいたって静かにしている。うめき声を上げる人や苦しそうにしている人も滅多にいない。本当にひたすら静かに死を待っているようだ。

定期的にシスターがピンク色の薬らしき液体を飲ませている。それが効くのかは分からないが、慰めのような意味もあるのだろう。

私は棒のように細い腕の人に寄り添っていた。彼はほとんど開かない口を開け、ごにょごにょと言葉を発しているが、なんと言っているのか分からない。私は、

「水を飲みますか?」

と語りかけたが、その言葉も通じていないようだった。

ただ彼は少し濁った目でじっと私を見ている。

乾いた唇が動き、なにかを言うものの、その意味は理解できない。だけど私は彼の顔や細い

手足を見て、ひどく乾いていると思った。そして小さなコップを口に持っていくと、その人はゆっくりと水を飲んだ。細くなった喉が水を飲んだことにより、一度波打ち、それから彼は安堵したような表情を浮かべた。

私は彼の様子を見ながら、マザーテレサの言葉を思い出していた。

「人間にとって最も悲しむべきことは病気でも貧乏でもない。自分はこの世に不要な人間だと思うことだ」

私が彼に水を飲ませ、彼は私から水を飲む。それだけのことで私たちは深いつながりを得たような気がした。私も彼もお互いにとって必要な人間であると思うことができたからだ。彼とはそれ以上のコミュニケーションを図ることができず、私は死を待つ家を出たが、これから先も彼のことは何度となく思い出すことと思う。

マザーの家の屋上にて。

## ゲリラの素顔

ゲリラと聞いて、多くの人はどういうイメージを抱くだろうか。ゲバラやカストロなどの勇猛果敢な人々だろうか、あるいはテロリストのような組織だろうか。どちらにせよ「ゲリラ」を身近に感じる人は少ないだろう。平穏に生きていたら、係わり合いになることはない。

だが、私はメキシコでゲリラに会ったのだ。


メキシコシティから20時間もバスに揺られ、私はサンクリストバル・デ・ラスカサスという街に着いた。

「もう身体がくたくた。早くどこかで休みたい」

手ごろな宿がないかと思い地図を見ると、日本人宿を発見した。

そこは「カサカサ」という名前の宿で、60歳ぐらいのオーナー、笠置さんが経営していた。

彼はとても気さくなおじいさんで、夜な夜ないろいろな話をしてくれた。

その中に登場したのが「サパティスタ」という集団だった。

笠置さんの話によると、サパティスタはメキシコの先住民の権利保護のために政府と戦いを続けているらしい。１９９４年に武装蜂起をしてから、その戦いは10年以上にも及んでいる。

その後、私は笠置さんにサパティスタの映っている写真集を見せてもらった。そこには銃を持った覆面姿の人々がいた。まるでテレビや映画の中で見るテロリストのような格好だ。

私は声を上げた。

「私、この人たちの姿を前にビデオで見たことがあります」

その言葉に驚いたのは笠置さんの方だった。

「えっ、見たことあるの？」

私はフランス人アーティストのプロモーション用のビデオでサパティスタの映像を見たことがあった。そのビデオには覆面姿の人々が映っていたのだ。ビデオの中でサパティスタは観客としての位置付けだったが、私にはその風貌が強く印象に残ったのだ。

「彼らがサパティスタなんですか」

「そうだよ。彼らはこういう姿で世間に自分たちの活動をアピールしているんだ」

笠置さんはそう言ってから、続けた。

「ここからサパティスタ自治区まで、バスが出ているよ」

いくつかあるサパティスタの自治区のうちの1つ「オベンティック」まで、1時間ぐらいで行くことができるようだ。

その話を聞いているうちに、好奇心がむくむくと湧き上がってきた。「彼らに会ってみたい。話を聞いてみたい」と思うようになった。しかし、ゲリラ組織だし、さすがに簡単に会うことはできなそうだ。

その後、ふとしたことで私が雑誌の仕事をしていることを笠置さんに話すと、彼は言った。

「え!? じゃあ君、行かなきゃダメだよ。彼らのことを書かないと。伝えなきゃ」

まさか、本物のゲリラをこの目で見られるなんて思ってもいなかった。出発は翌日に決まり、その後、笠置さんからサパティスタについていろいろ教わった。彼らは基本的に海外のメディアに対して柔和にアピールをしているが、仮にもゲリラ活動を行っている組織である。ただの観光気分で踏み込んでいい場所ではないのだ。


翌朝、乗り合いバスでオベンティックに向かった。

街が近付くにつれて、霧が出てきた。そのうち霧はどんどん濃くなり、1時間ほど走ると、10メートル先になにがあるのかもはっきりしない状態になった。おそらく標高が高いためなのだろうが、あたり一帯が霧に包まれているようだ。まさにゲリラの自治区に忍び込んでいくような気がして、私はバスの中で少し身体を固くした。

自治区のゲートに差し掛かると、そこには覆面姿の男が立っていた。黒いニット帽は目の部分だけが丸くくり抜かれている。

私は笠置さんに教わっていた通りにスペイン語で彼に伝えた。

「私はサパティスタを支援するために日本からきました」

そして笠置さんから受け取っていた紹介状と、自分のパスポートを預けた。これが通行許可証になっているらしい。覆面姿の男は紹介状とパスポートを確認してから、ゲートを通っていいという許可を出した。

オベンティックは不思議な雰囲気に包まれていた。

町中の建物には色鮮やかな壁画が描かれており、住民たちは裸足で歩いている。なんだかタイムスリップしたような感覚だった。

私はオベンティックにくる前は、住民たちは全員、覆面をかぶっていると思っていた。しかし、実際に街を歩いている中には素顔の人も多かった。それも強張った表情をしているわけではなく、いたって自然に生活をしているように見える。

その後、彼らの活動内容を聞く機会があったが、彼らは武力による革命は望んでおらず、自分たちの置かれている状況を海外メディアに訴えることを活動の主軸にしているらしい。彼らが覆面をかぶっているのは、身元が分からないようにするためという配慮もあるが、それ以外にも、彼らの姿を見た人に対してインパクトを強くする狙いもあるようだ。

話を聞いているうちに、それまでに抱いていたゲリラのイメージが崩れていく気がした。覆面をかぶっているから、すべての表情をうかがうことはできないが、くりぬかれた穴から目だけは見ることができる。彼らの中に優しい目の人を見つけたりして、私は嬉しい気持ちになった。

その後、私はオベンティックを歩き回った。

歩き疲れて周囲を見回すと、洋服屋が目に入った。店には色とりどりの民族衣装が並んでいる。私はちょっと休ませてもらおうと思って店に入った。しかし、店員らしき人の姿はなかった。店の前はベンチのようになっていて、私はそこに腰を降ろした。

しばらく座っていると、近くに立っている木の上で物音がした。何事かと思って見ると、1人の女性が降りてきた。彼女は覆面をかぶってはいない。

「なにしてるんですか？」

驚きながら私が尋ねると、彼女は豪快に笑いながら答えた。

「薬草だよ。薬草」

彼女は手に木の葉っぱをたくさん持っている。どうやらそれを取っていたようだ。しかし、いまいちよく分からない。

「薬草を取っていたんですか？」

「そうそう」と彼女は笑いながら答える。

「お店の人ですか？」

「そうだよ。あんた、お客かい？」

「そうですが」

「じゃあ、ちょっと待っててよ」

彼女はそう言って、薬草とやらを握り締めたまま、どこかに走り去っていってしまった。しばらくその場で待っていたが、洋服屋のおばちゃんは帰ってこなかった。

　ベンチに座って街の様子を眺めていると、のんびりとした空気が漂っていることに気付いた。子供たちはバスケットボールで遊んでいるし、楽しそうに立ち話をしている人もいる。その光景はどこにでもある田舎の風景にしか見えなかった。

　その中を時折、覆面姿の人や垂れ幕を下げたトラックが横切っていく。近くには政府の施設がたくさんあり、彼らは戦車などを配置してサパティスタを監視している。それを見ていると、やはりここはゲリラの街なんだな、という気もしてきて、私はこの街の置かれている微妙な状況を思わずにはいられなかった。

　巨大な権力に立ち向かっている人々はいる。旅をしていると、そういう姿が目に鮮やかに飛び込んでくることがある。

サパティスタのみなさんと私。

## ケニアのバスは痴漢天国

ケニアのナイロビ市内にはマタトゥーという乗合バスがある。
日本のバスとは違い、マタトゥーには1台1台に個性があり、それを見ているだけで楽しい。外観にボブ・マーリィが描かれているものもあれば、シンプルに色が塗られているだけのものがあったり、グラフティものがあったりするし、中に入れば、ブラックライト仕様になっていて夜になると光ったりするものもある。かかっている音楽もヒップホップからレゲエ、ロックまで、マタトゥーによって様々だ。

現地の男の子にとってマタトゥーの運転手と呼び込み屋は憧れの職業で、女の子からもよくモテる。マタトゥーは運転手と呼び込み屋のペアからなっていて、呼び込み屋は車体から身を乗り出して、車のドア部分をがんがん叩きながら、

「そこの女の子、俺のバス乗っていきな、俺のマタトゥーが一番だぜ」

とナンパのような感じでやっている。

しかしこのマタトゥーはスリが多く、あまり旅行者は使わない。基本的に現地の人の足になっている乗り物なのだ。

また、運転手は技術を見せつけたいのかなんなのか、カーブをぎりぎりで曲がったり、スピ

ードをむやみにあげたりするから、事故も多い。横転しているマタトゥーなどはよく見かける。

私はナイロビからキクユ族の友達が住んでいるダンドーラという地域に行きたかったのだが、そこに行くためにはマタトゥーに乗らなければならない。

ダンドーラにはサリーというケニア人の同い年の女の子がいて、彼女を訪ねるのだ。ナイロビからは30分ぐらいの距離なのでスリも大丈夫だろうと思っていた。

マタトゥーに乗り込むと現地の人は元気よく、「ジャンボー（スワヒリ語でこんにちは）」と挨拶してきて、中にはウインクをしてくるおじさんもいたりした。

思ったよりも雰囲気は明るく、みんなノリがいい。これからクラブに遊びにいく子なんかは車内で化粧をしていて、東京の女の子と変わら

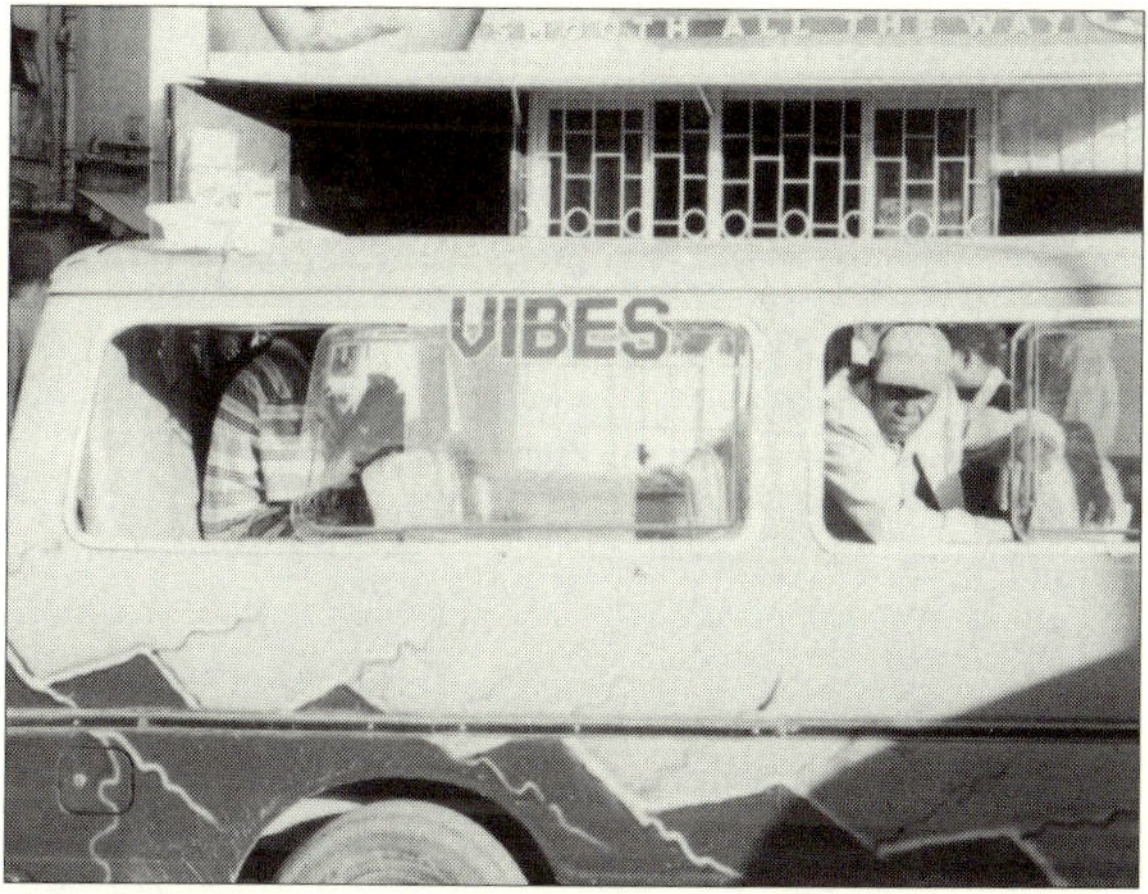

地元の女の子から見るとカッコいいかもしれないが、
日本人から見ると、ボロいバスだったりする。でも私は大スキ。

ないんだなあと思う。テンポの速いレゲエが大音量でかかっていて、それにみんな体を動かし、歌ったり踊ったりしている。

満員電車以上の込み具合で隣の人と肌と肌が密着している。私の隣にはくっきり二重のまつげパッチリのおじさんが座っていて、彼は私の体に触ってくる。

最初は肩に手を当てていたり、頭と頭をくっつけているぐらいだったのだが、そのうちに腰にまで手が回るようになってきた。これはアフリカのスキンシップなんだろうかと思っていると、その手がポケットに入ってくるようなのだ。

私は判断に困った。これは痴漢なのだろうか？　スリなのだろうか？

おじさんはずっとにこにこしているし、どうもポケットを探られている気もする。しかし体を触っているだけのような気もする。

今考えればどっちにしてもよくないことなのだが、そのときはどっちなのだろうかと考え込んでしまった。おじさんがあまりに無邪気な笑顔をしているから緊迫感はない。

結局、よく分からないままダンドーラに到着し、知り合いのサリーを訪ねた。貴重品を持っていなかったせいか被害はなにもなかった。おじさんの行為はやはり謎なのだった。

その後もダンドーラとナイロビを往復するときに、このようなことは何回もあり、そのたびに痴漢かスリかと対応の仕方に困った。だが全員が全員にこにこしているので、結局、なにをしたいのか分からないままだった。

## 元売春婦サリー

サリーはキクユ族の人で、当時26歳だった。16歳のときに子供ができて結婚をしたが、旦那は大酒飲みで暴力をふるう人だった。

旦那は酒を飲んでサリーのところに帰るときに喧嘩に巻き込まれ、殴り殺された。それでサリーはバツイチになった。旦那を殺した相手は分からないが、このようなことは珍しくない。サリーの周りでも旦那だけではなく、いとこのお姉ちゃんが殺されたりもしている。

自身も強姦されて殺されそうになったこともあり、常に死と近いところにいるから、その話をするときも淡々としたもので、

「殺されちゃったんだよね」

とサリーは語るのだった。

私はサリーのところに1週間泊めてもらったが、さすがに街は殺伐としている。

写真を撮ることには撮ったが、カメラを

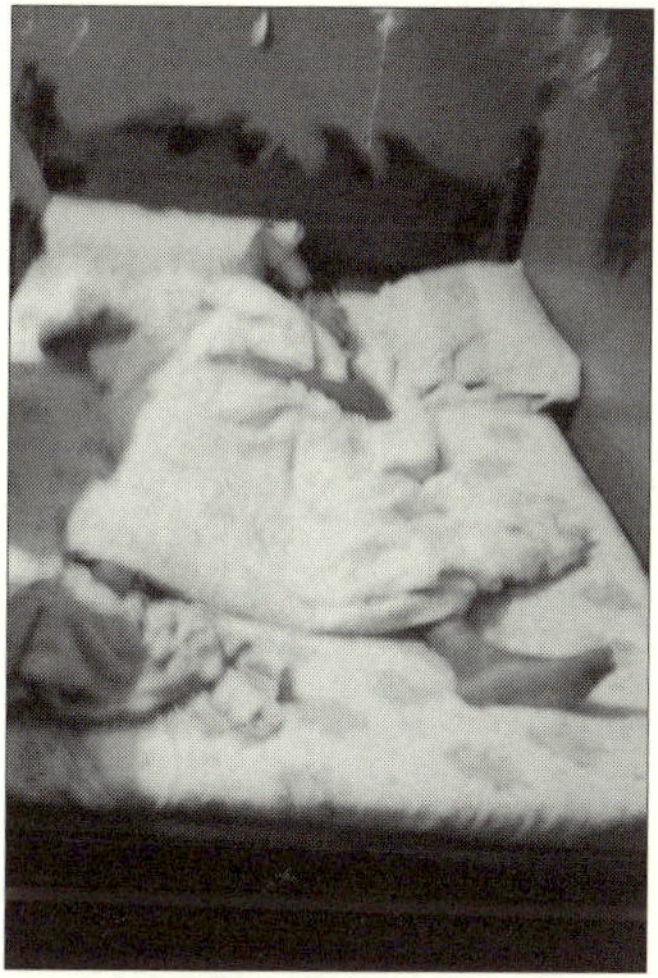

ベッドで眠るサリー。
彼女の旦那は喧嘩で殺された。

持っていると知られると怖いので、胸元に隠して撮るのがやっとだった。サリーは私のことを歓迎してくれたが、

「日本人がいると分かると家が狙われるから、あまり外に出ないでくれ」

と念を押された。

そんな街なのだ。

サリーは元売春婦で、今はアメリカ人の彼氏からの送金で生活している。だから貧しい街にも関わらず、サリーの家にはテレビがある。しかしテレビがあると分かると絶対に盗まれるため、サリーはいつもカーテンを閉め、部屋の中が見えないようにしている。

家の造りはおおむねボロいのだが、警備だけは厳重で、家に入るまでに鍵が4個必要だ。その上、鉄格子になっている部分も多い。それぐらいしないと危ないのだ。

彼女は非常にチャーミングな人で、お尻も上がっているし、胸もあって、ローリンヒルにそっくりだ。アフリカ人にしては小柄なのだが、昔は太っていたという。

写真を見せてもらうと、たしかに丸々とした感じだ。しかし今のサリーは痩せていて、その写真とはまったく別人。理由を聞くと「マラリアにかかった」と彼女は言った。

体が弱っていて物を食べることができないし、薬を買う金もなかったのだという。それはアメリカ人の彼氏からの送金が遅れたためということだった。

サリーは死ぬことを覚悟していたらしいが、そんなときようやく送金があり、なんとか薬を

買うことができ、生きのびることができた。彼女の命はアメリカ人の彼氏がつないでいるのだ。しかし彼氏との出会いも売春によるものであり、彼女はいつ彼が自分を捨てるかと怯えていた。

サリーの子供は10歳ぐらいのリンダという女の子だったが、彼女も「ママと彼が別れたら私はどこにいけばいいの」と言っていた。

ケニアでは子供を捨てる親が多く、リンダも不安にかられていたのだ。リンダは学校から帰ってくると、

「今日は中国から洋服が届いた」

嬉しそうに言い、裏表が逆に作られ中国では売り物に出せない服をもらってきたりした。その服を持って鏡の前でポーズを取ったりしている。そういう姿を見ていると、この子の将来はどうなるのだろうと突然、泣きたい気持ちになることもあった。

私がちょうどナイロビに帰ろうとしたとき、アメリカからサリーの彼氏がやってきた。彼氏は商社の仕事でナイロビにきていて、サリーのところにもやってきたのだ。しばらくサリーのところにいるらしい。

2人は久し振りの再会ということもあり、べたべたしていたが、彼の方が、

「お前、子供をほったらかしにしてあんまり遊ぶな」

とサリーに軽く注意した。するとサリーは、

「あたしのすることに文句あるの」

と強気に言い返す。

それから2人は激しく言い争い大喧嘩になった。

ケニアの女の子は喜怒哀楽が非常に激しいため、褒められたら1日中るんるんになっているが、気分が悪いとどこまでもイライラしている。いくところまでいってしまう感じなのだ。

そんな気質だからケニア人の喧嘩は凄まじいことになることが多く、私は2人の喧嘩を目の当たりにして、これならば人殺しに発展するのも分かると思った。

最終的にサリーは、

「あんたなんか一生顔見たくないから出てって」

と言いながら彼を外に引きずっていき、丸まっている彼を蹴っ飛ばしていた。

彼女は女性だが、筋肉の質が日本人と異なっており、非常に威力のありそうな蹴りだった。彼はそれをガードするのに必死になっていた。

家を出る時間が迫っていたため、私はそこまででサリーの家をあとにしたが、1ヶ月後、再び訪ねてみると、2人は仲直りしていた。私はサリーに、

「他の国にいってみたいと思わないの？」

と聞いたが、彼女は笑いながら答えた。

「私はキクユ族の血が入っているから、部族を捨てていくことはできない。私にはキクユ族が必要だし、キクユ族には私が必要だ。だからここから出ることはできない」

防犯上の理由から、こんなに小さな出入り口があったりする。

## 旅先の有名人

世界には悪名高き有名人が何人もいる。そういう人たちは大半が詐欺師だ。チャリティーと言って金を騙し取ったり、ろくでもない話を持ちかけてきたりする。そういう情報はガイドブックに載ったり、旅行者の間で広がるものだが、彼らはそれを知っているのか知らないのか、いつまでも同じ場所で同じ手口でやっている。もはや名物といってもいい人たちなのだ。

2001年、インドに行ったとき、カーリー寺院で1人のインド人に会った。彼の名前はラッシュベハリ。彼はネームプレートを見せ、

「自分は寺のボランティアでただで案内してあげる」

と近寄ってきた。

充分怪しかったが、まあいいかと思いながらついていくことにした。すると彼は次から次へと寺院内を案内してくれ、説明も的確だった。生贄として殺される山羊やバッファローの首切り台があったり、シヴァの銅像があったりと見どころは多く、私は彼のおかげで楽しんで回ることができた。

一通り案内が終わって彼は私を寺の隅の方に連れていった。

私の左手にお守りのような赤い紐を巻きつけ、ノートを取り出し、

「ここに名前を書いてチャリティーをしてくれ」

と言ってきた。

金はいらないと言っていたのに最初の話とは違う。

だがこっちとしては、ほーら、きたきたという感じで、水戸黄門が決まったシーンで印籠を出したときの感覚だった。

私は「これってなんかで聞いたことあるな」と思い当たり、記憶を探ると、彼は『地球の歩き方』の注意人物の欄に紹介されている人とまったく同じだった。風貌ややり方、最後の台詞などがそのまま同じだと思い出した。

そう分かると「地球の歩き方に出ていた人だ」とこっちは彼に親近感を抱き始め、面白くなってきた。だけどお金を払う気はなかったので笑

プシュカルのチャイ屋のおやじ。ダミ声で「チャーイ、チャーイ、チャーイ」と言うのが印象的。プシュカルに行った友人のほとんどは彼に会っている。

顔で、

「明日の3時にくるから。明日ね」

と待ち合わせをして、そのまま寺院をあとにした。彼はしつこく追いかけてくることもなく、フレンドリーな感じで私たちは別れた。

もちろん翌日、彼のところには行かなかったが、たいして悪いやつではないし、案内もしっかりしていたし、少しぐらいならガイド料をあげてもよかったかもしれないと思う。

カオサンロードには頭にターバンを巻きムスリムの格好をしたバングラディッシュ人がいる。

彼は国籍問わず女の子を見ると片っ端から、

「ちょっと待て」

と声をかけ、手を取って一方的に占いを始める。

そこで返ってくるのは大体「あなたはすごくついてる」とか「これからも幸運に恵まれる」などといいことばかりだ。そうして女の子を口説き始める。

私の知り合いなどは彼に引っかかることはないが、何度か彼と真剣に話し込んでいる女の子を見たことがある。そんなやり方で引っかかる方も引っかかる方だが、それを続けている彼も彼だ。

## ヒッピーおっちゃんの怪しい買い物

インドのバラナシでのことだった。

私は友人に連れられて「なんでも買える店」に行くことにした。

その友人はバラナシに4ヶ月ぐらい沈没しているどこから見てもヒッピーの日本人のおじさんだった。

おじさんは毎日のようにマリファナを吸っていて、鼻から常に白い煙を噴き出していた。麻薬が手に入りやすいインドとはいえ、そのおっちゃんはハマりすぎで、近寄りがたい雰囲気を漂わせていた。

彼は朝起きると、宿からふらふらと出ていき、ガンジス河で白い煙を上げ、長時間瞑想し、昼になるとどこかで買い物をしているようだった。彼は毎日そんな生活をしているのだが、昼はどこに行き、なにを買っているのか、私には興味があった。

「おっちゃん、今日、どこいくの？」

と聞くと、おっちゃんはニコニコしながら、

「買い物だよ」

と答える。

私は食料品や日用品などを買いにいくのだと思い、一緒に行っていいかと尋ねた。おっちゃんはあいかわらず、ニコニコしながら、

「いいよー」

と答えていたが、目だけはやけに充血していてちょっと危ないかもしれなかった。

おっちゃんは私を連れて迷路のようなバラナシの路地を進んでいく。はぐれたら自分では帰れなくなるルートを通り不安になるが、おっちゃんは足取りこそふらふらしているものの、迷う様子もなく、さっさと歩いていく。

マニャカルニカガードから2、3ブロック奥に入ると、おっちゃんの足がぴたりと止まった。だが、ふらついてはいた。

「着いたよー」

と言うおっちゃんの前に建っているのは5階建てのボロいゲストハウスだった。

インドでは市場や路上などで物を売っているが、このような建物の中で商売している人は少ない。おっちゃんの目を見ると、めちゃめちゃ充血していて、さてはここにマリファナを買いにきたのではないかと思った。

中に入り、急な階段を上ると、2階は民家らしく、インド人のおばさんが子供たちをあやしていた。昼寝しているおばあさんなどもいて、ここはただの家なのかもしれないと思った。

3階に上ると、そこには1人のサドゥー（修行僧）と2人の弟子がいて、座禅を組んで瞑想

をしていた。このサドゥーはブルチッタという人で、髪が胸ぐらいまであり、おでこには赤い第3の目が描かれており、いかにも怪しげだ。

私は更に上るのかと思ったが、おっちゃんの目当てはこのブルチッタらしい。

おっちゃんは部屋に入っていき、ブルチッタに声をかけた。

するとブルチッタはゆっくりと目を開け、よくきたなという顔でおっちゃんを見た。おっちゃんはこの店の常連で毎日のように通っているのはここだったようだ。

2人はすぐに交渉に入り、ブルチッタが部屋の奥から3つの小箱を持ってきた。中を開けると新聞紙に包まれたマリファナが入っていた。インドではこういう光景はよくあることなので、今更私は驚かなかったが、何種類ものマリファナが次々に紹介され始めたので、その種類の多さに驚いてしまった。

おっちゃんはいたって真剣にどの銘柄にするか悩んでいる。ブルチッタはブルチッタで商売人の顔になっていた。もはやサドゥーではない。

ここではお試しで一服ずつ吸えるらしく、お猪口のような形をした茶色い素焼きのパイプでおっちゃんは吸い始めた。私もおっちゃんに勧められたが、インドでは麻薬がらみのトラブルが多いし、特にこのバラナシでは危ないと聞いていたので、丁寧に断った。

おっちゃんは試しに一服ずつ吸っていたが、やはり気に入らなかったらしく、今日は帰ると言い出した。種類によって効き方も金額も全然違ってくるらしい。するとブルチッタは慌てた

ように、

「待て待て、他にもある」

と言い出し、今度は部屋の奥から小さなビニール袋を持ってきた。

中には白い粉が入っている。

それを見たおっちゃんの目は見開かれた。2人はまた交渉を始めたが、話を聞いていると、それはどうもコカインらしかった。しかしおっちゃんはそれも気に入らなかったようで、またしても今日は帰ると言った。ブルチッタはまた慌てて、

「今度はすごいぞ」

と言いながら、部屋の奥に行き、てのひらの上に紙のようなものを乗せて戻ってきた。

これはどうやらLSDのようだ。

麻薬関係の噂話には事欠かないインドだが、LSDがあるという話はあまり聞かない。このブルチッタというサドゥー、本当になんでも持っているようだ。

おっちゃんもこのLSDには敏感に反応し、身を乗り出していたが、交渉を有利に進めるため、またしても、今日はいらないと言っている。しかしブルチッタもおっちゃんの様子から、彼が買おうとしていることを見破ったらしく、

「金がないなら物と取り替えてもいい」

と言っている。

インドのサドゥーはなにかを知っている目をしている。

その視線の先にはおっちゃんの腕時計があり、ブルチッタはそれを狙っているようだ。2人は数十ルピーの金額を巡って値切り合戦を始めたので、私はこれは長くかかるなと思い、帰りたくなってきた。

でも1人で帰るには道が分からず困っていると、サドゥーの弟子の1人サニン君が、

「俺が送るから」

と言ってくれた。

彼は19歳で、服装もTシャツ、短パンというたってカジュアルなものだった。サドゥーの弟子には見えないほど今時の男の子という感じだ。

信用できそうな子だったので、私は彼に道案内をお願いすることにした。

私はおっちゃんに「帰る」と告げたが、おっちゃんは交渉に熱中しすぎていて、聞こえていなかったかもしれない。

サニン君に連れられて建物の外に出て、私たちは並んで歩き始めた。最初は「あとどれぐらいここにいるの？」とか「今度メシでも喰わない」などという話をしていたが、ゲストハウスの前に着き、送ってもらったお礼を言うと、サニン君は突然、

「男を買わないか？」

という話をしてきた。

よく分からなかったので、どういうことかと聞くと、バラナシには女の子用の売春プロジェクトがあるらしい。

1日中デートをして夜ベッドを共にするということが行われているようだ。1人旅の女の子が対象になるらしく、サニン君は私にも声をかけてきたのだ。それまで好青年という感じだったのに、その話をした途端、悪巧みしている顔付きに変わってしまった。

男性の旅行者が海外で買春するのは珍しくない。そういう話はたくさん聞くし、知り合いの中にも買春目当てに旅行する人までいる。

女の子の中にもヤルことが目的で海外に行く子もいるが、お金を出してまで男を買ったという話は聞いたことがなかった。

サニン君は必死で私にプロジェクトを勧めてくる。

売春の話をすると、目つきが悪くなったサニン君。うしろにいるのは彼の先輩のサドゥーの弟子。でも、弟子って一体なんのことやら？

相手の男の子は若くて今時っぽいインド人らしい。実際に日本人の中にも男の子を買っている人がいるという。

時々、街を歩いていると、リードしているインド人の男の子と、弱々しそうな日本人の女の子の2人組みを見ることがあったが、このプロジェクトの利用者なのだろう。私が見た限りでは、そういった女の子はおとなしそうで、インド人のペースに巻き込まれているような人が多かった。

私は興味がないから断っていたが、サニン君は、
「もし女の子の友達で、こういうのに興味がある子がいたらすぐに教えて」
と言い残し、サドゥーの館に帰っていった。

その後、サニン君とは何度も道端で再会したが、その度に彼は客になりそうな女の子を探しているようだった。世の中にはいろいろな商売があるものだ。

## イミグレーションの変わった抜け方

海外旅行をしていて、誰もが通るのがイミグレーションである。それぞれの国によって、人柄や気候、雰囲気が違っているように、このイミグレーションも千差万別だ。ここでは私がこれまでに通ってきたイミグレの中で印象的なものを選んで紹介したいと思う。

ジャマイカのイミグレーションでのこと。

私は年末に行われるイベントを見るためにジャマイカにきていた。入国審査のカウンターに座っているお姉さんはパスポートを受け取るなり言った。

「あら、あなた、スティング行くんでしょ？」

スティングとは年末にあるイベントの1つだ。

「そうだけど」

私が答えると、テンションの高い返事が返ってくる。

「今年は誰がいいパフォーマンスするかね？」

イミグレのカウンターであることを考えると、まったく関係ない質問だ。しかし私も楽しかったので、しばらく答えていた。するとお姉さんはヒートアップしたのか、隣のカウンターの同僚に話しかけ、2人でイベントについて盛り上がり始めた。私は放っておかれたままだ。

数分してようやくお姉さんが私を取り残していることに気づいた。彼女はパスポートにスタンプを押して、

「ジャマイカ、楽しんでね」

そう言って私を送り出した。

このようなゆるやかさはジャマイカ特有のものだろう。市内に出れば治安は悪く、銃撃戦なども繰り広げられるから、とても落ち着いて滞在などできないのだが、こうしたジャマイカ人の気質が好きで、私はジャマイカに通い続けているのだ。


パナマのイミグレーションでは、なぜかVIP待遇を受けることになった。

というのも、飛行機の中で知り合ったアーティストに気に入られ、「一緒についてこい」ということになったからだ。そのアーティストとは、ジャマイカの有名人でシズラという。私は彼のことを雑誌などで知っていたから、飛行機の中で見つけたときには驚いた。話しかけると、彼は気さくに応じてくれ、すぐに仲良くなってしまった。

彼は私に言った。

「お前、面白いから、ついてこいよ」

飛行機がパナマに到着し、私はシズラと一緒に降りた。シズラは10名ほどの取り巻きやスタ

ッフと一緒に行動していたのだが、私もそれについていく。イミグレに向かうと、そこには長蛇の列ができていた。こんなに待つのは嫌だなーと思っていると、シズラご一行は通常のカウンターとは違う方向に歩いていく。

そこには空港のスタッフらしき人が待っており、シズラに一礼をした。一緒にいる私も有名人になったような気分だ。するとシズラのマネージャー役の人がスタッフにまとめてパスポートを渡している。私も催促されたので、マネージャーに渡すと、そのまま空港のスタッフの手元に届いた。

スタッフはそれをぱらぱらと見て、それだけで入国審査は終了。あとからスタンプを押したパスポートを受け取ることになっているらしい。私たちは入国税を払うこともなく、入国に際しての細かい質問をされることもなく、イミグレのゲートをほとんど素通りした。

まるでVIPツアーご一行様という気分に浸ることのできたイミグレでの体験だった。

キューバでは散々な目に遭った。

イミグレを問題なく通過するためのコツとして、人のよさそうなおっちゃんを選ぶことがあると思う。これは私が女だからで、やはりおっちゃんという人たちは女の子には弱い一面があったりする。

キューバのイミグレで順番待ちをしていると、1つカウンターが空いた。そこには温厚そうなおっちゃんが座っていた。これならすんなり通過できそうだと思って、彼のところにいくと、彼はいきなりスペイン語を話し始めた。なにを言っているかほとんど分からなかったので、英語で話してほしいと伝えたが、彼は延々とスペイン語を話し続けている。その様子はカラかっているというよりは高圧的な感じだった。

「なに？　なに言ってるか分からないよ。英語で話してください」

私が言っても返ってくるのはスペイン語だ。

「全然、分からないんですけど」

そう言ってもスペイン語。仕方がないので、雰囲気や文脈などから彼の言いたいことを推測して答えていったが、それにしても無愛想だった。濁ったような目をしていて、いかにも仕事をするのが面倒くさそうなのだ。

結局、20分ほどかかってようやく通過することができた。

イミグレーションはよく「国の顔」などと言われることがある。旅行者を最初に出迎える場所だから、そこでの対応で国の姿がなんとなく見えるということだ。キューバはまさにそれを実感させてくれる国だった。

街の雰囲気はどこかよどんでいた。空気が悪く、排気ガスで満たされている。地元の人も無愛想で、彼らとの間に壁を感じることが多かった。社会主義ということも影響しているのか、すべてにおいて地元の人とツーリストは分けられていた。

たとえば、食事でスパゲティをとったとしよう。地元の人は50セントという価格なのに、ツーリストは同じものを頼んでも8ドルとられる。しかも、地元の人は現地通貨を使うことができるが、ツーリストが使えるのは米ドルだけという不便さだ。

その上、ポリスがどこにいってもウザいのだ。

街歩きをしているだけで呼び止められてパスポートを携帯しているかチェックされる。私は持ち歩いていたから問題なかったが、持っていなかったら金をせびられるようだ。向こうで知り合ったキューバ人の友達でさえ、ポリスのことを「あいつらはなんでもかんでも文句をつけて金をとる」と言っていた。街歩きをしていると、ツーリストらしきヨーロッパ人女性が「ファッキュー」とポリスにキレていたが、そういうことは日常茶飯事らしい。

出国時もこんな感じは変わらなかった。

私はジャマイカ行きのチケットを買って、空港のカウンターに並んでいた。カウンターの女性にチケットを見せると、

キューバのバス。旅行者は乗ることができない。

彼女はこう言った。

「ジャマイカから出るチケットはあるのか？」

私はキューバからジャマイカに入るチケットを持っているだけで、ジャマイカから出国する際のチケットはなかった。そのことを伝えると、彼女は面倒くさそうに言った。

「じゃあ、ダメよ。発券することはできない」

「なんで？」

私は聞いたが、満足のいく答えは得られなかった。もし、私がジャマイカのイミグレで追い返されるようなことがあれば、キューバに戻ってくることになる。そういう事態を避けたいのかもしれなかった。

埒が明かないので、どうすればいいかを聞いた。

「ジャマイカからどこかに出るチケットを買ってくればいい」

仕方がないので私は空港のチケットカウンターに戻ることにした。カウンターには6人ぐらいが並んでいた。しかし、これがまったく前に進まない。そのうちに私はやきもきしてきた。ジャマイカ行きのフライトの時間が迫っている。

私は空港のスタッフに尋ねた。

「もし、これで飛行機に乗れなかったらどうなるの？」

「無効になるだけだ」

「えー、それってヒドくない？　そういうことならさっきチケットを買うときに、ジャマイカから出るチケットも必要って言ってくれればよかったのに」

しかし、スタッフは無愛想に答える。

「私たちにミスはない。しっかり確認しなかったお前が悪い」

「じゃあ、せめて早く買わせてよ。フライトの時間があるんだし」

「それはできない」

「なんで？　こんなに並んでたら間に合わないかもしれないよ」

カウンターに並ぶ列はいまだに動かない。しかしスタッフは言った。

「それは無理だ。それがルールだからだ」

このときは結局、ギリギリでチケットを購入することができ、フライトには間に合ったが、後味の悪い出国になった。キューバはすべてがこんな感じで、入国から出国まで、あまりいい思い出というものがない。

## まるでドリフのジャマイカ暮らし

ジャマイカ人には面白いやつが多い。彼らと一緒に行動していると、まるで「コント」のようなことが起こる。

### コント1・証明書を巡る冒険

あるとき、私はジャマイカのイベント会場でカメラを盗まれた。後ろから手が伸びてきて、カメラをひったくられ、振り返ると、すでに犯人は人ごみの中だった。ジャマイカではこのような盗難はそれこそ毎日のように起こっている。

私は事故証明をもらいにいくことにした。それがあれば、帰国してから海外保険でカメラの代金が戻ってくる。

翌朝私は、知り合いのジャマイカ人の友人に付き添ってもらい、警察に行った。イベント会場でカメラを盗まれたという話をすると、担当の女性警官はいきなり怒り出した。私の友人に向かって言っている。

「なんで、そんなところに女の子だけで行かせるの。それが危ないってことぐらい分かるでしょう」

この先制パンチには私の友人も面食らい、ごにょごにょと弁解をしていた。しかし警官は気分を損ねたようで、何度も小言を言っている。数分して、それがやっと落ち着いて、盗難状況の説明をすることができた。

「カメラの種類は？」「旅行前にはどんな保険に入っていたの？」「保険会社の住所はどこ？」

思ったよりも細かい質問があり、私はそれに答えていった。これだけみっちりと話せば証明書はすんなり出るだろうと思った。

「あとの作業はこちらでやっておくから、また明日きてください」

女性警官はそう言い、私は警察署を後にした。

翌日、警察署に行くと、担当だった女性警官の姿がない。別のおっちゃんに話すと、どうやら彼女は休暇をとっているか、他の部署の仕事を手伝っているということだった。きてくれというからこうして出てきたのに、いないっていうのはどういうこと。しかし、こんなことぐらいで驚いていたら、ジャマイカでは生活することができない。よく言えば、「なんでもゆるやか」、日本人の感覚で言えば、「なんでもいい加減」なのがジャマイカ流なのだ。

私はおっちゃんの警官に証明書をもらえないか話してみた。しかし、おっちゃんはまったく相手にしてくれない。というより、

「日本人の女の子を紹介してよ」「今度遊びにいこう」

などとアプローチしてくるばかりで、まるで仕事をしようとしないのだ。

10分ほど粘ったが、おっちゃんはなに1つ動いてはくれなかった。最後に彼は言った。

「君の担当のポリスは明日はいるから、明日、電話しなさい」

翌日、電話をかけると、たしかに担当の女性警官につながった。保険にかんして細々とした話をしてから彼女は言った。

「これからレポートを作成するんだけど、私では作れない。他の部署が作ることになっているから、3日後に電話してきなさい」

私は了解した。

3日後に電話をかけると、さも当然のように彼女は言った。

「レポートはできていない」

「えっ、でも、3日後にできるって」

「今、作っているところだから、もう少し待ちなさい。そうね、2日したら電話してきなさい」

2日後に電話をかけると、同じ言葉が返ってきた。

「レポートはできていない」

「……」

「できたら、こちらから電話するから、それまで待っていなさい」

絶対にかかってくることはないだろうと思い、私は電話を切った。

やはりいつまで経っても、警察から電話がかかってくることはなかった。証明書がなければカメラの代金が戻ってくることはない。私はジャマイカ人の友人に頼んで、警察の関係者に話をしてもらうことにした。

1週間ほどして、私の手元には証明書が送られてきた。しかし、これに驚いたのは私ではなく、周囲のジャマイカ人たちだった。彼らは物珍しそうに証明書を見ながら口々に言った。

「ジャマイカで証明書が出るなんてことあるんだね。これはホント珍しいよ」

## コント2・ロビーK伝説

ジャマイカ人のグループは結束力が強く、仲間思いだ。しかし、彼らの中でもつまはじきになるやつはいる。ロビーKはまさにそういう類いのやつだった。

彼の趣味は「日本人から金やカメラを巻き上げる」ことだった。その手口は簡単で、目星をつけた日本人にとにかく付きまとう。宿泊先のホテルの前に数人で一緒にたむろして、ターゲットの日本人が出てくると、

「よう。500ドルくれよ」

そう声をかけるのだ。

当然、そんなやり方で金を払う旅行者はいないのだが、ロビーKはシツこいのだ。1度ターゲットとして認定されたら、毎日毎日つきまとわれる。

「そんな金はないよ」と答えても、

「じゃあ、いくらならいいんだ」と返ってくる。

「金は出さないよ」と言うと、

「じゃあ、カメラをくれよ」

こんなやり取りの繰り返しだ。多くの日本人は連日の攻撃にやられて、現金やカメラを奪われていた。私はジャマイカ人の友達が多かったから、彼の標的になることはなかったが、ロビーKの悪い噂はさんざん聞かされていた。しかも彼はキレやすく、ターゲットの日本人が金を出さないでいると激怒して、ナイフで脅すこともあるという。どうしようもないやつなのだ。

あるとき、彼にまつわる噂が流れてきた。

「ロビーKはカメラマンになった」というものだ。

私は彼が写真を撮っているところなど見たことがなかったので、どうせデマだろうと思って信じていなかった。

しかし、その数日後、イベント会場に足を運んで私は唖然とした。ステージ上ではミュージシャンが歌い、ダンサーが踊っているのだが、そのまわりでパシャパシャと写真を撮っている男がいる。

ロビーKだった。

彼は首から何台ものカメラをぶら下げている。それは彼が日本人から巻き上げたカメラなのだ。知り合いのジャマイカ人がそれを見てつぶやいた。

「あいつ、案外、いい写真撮るんだぜ。あいつほど、カメラ好きなやつもいないからな」

おい！　それって日本人からカメラを巻き上げていただけだろう。盗品のカメラを堂々とぶら下げたままステージ上で撮影をすることができる、そんな国はジャマイカぐらいしかないんじゃないだろうか。

彼は今もジャマイカでカメラマン兼ドロボウとして活躍している。

## モンバサのアフリカンタイム国境越え

アフリカにはアフリカの時間がある。なんといっても「ポレ、ポレ（ゆっくりゆっくり）」や「ハクナマタタ（どうにかなるさ）」という言葉ですまされてしまう。

慌しく日本人が動き回っていたりすると、「ポレ、ポレ」と言われ、それでも急がざるをえない用があって動き続けているとわざわざ「スローリー、スローリー」と英語で言ってきたりする。こっちはそれでバカにされたような気になってカチンとくることもあるが、それがアフリカンタイムなのだ。

日常生活を送る分にはそれほど支障はないが、計画が必要な出来事や、こっちがやる気になっていることに関してはテンションが落ちたり、調子を崩されることも多い。

私は2002年3月、ケニアのモンバサからタンザニアの首都ダルエスサラームまでバスで国境越えしようとした。

バスはモンバサの中心地から出発するのだが、私が泊まっていたのはティウイという少し離れたビーチの近くだったので、そこに出ていくのも一苦労だった。

話によればバス停がなくても通りがかったバスに手を上げれば乗っけてくれるということだったので、ビーチの近くで待つことにした。

バスはモンバサを夜の6時に出発し、ティウイを通るのが6時半頃になるはずだった。だから私はそれに合わせてバスが通る道で待っていた。しかし待てども待てどもバスはこない。

これがアフリカンタイムだなあと呑気に待っていた私だったが、8時を過ぎてもこないので、だんだん不安になってくる。今日はこないのかなとか、すでに行ってしまったあとだったのかなどとかんぐり始める。

結局、バスがきたのは9時半だった。

走れば30分の距離なのに、3時間半もなにをしていたのだろうか。私は待ちすぎたことで気持ちが悪くなるほどだった。バスに乗ってもいないのに気持ち悪くなるとは何事だ。

バスに乗り込むと、あまりの光景に絶句した。乗合バスであるはずなのに、客席のうしろの方は荷物で埋め尽くされているのだ。そもそも指定されたシートがあるのだが、そんなものはまったくおかまいなしである。

荷物は大半が段ボール箱で、それが何十個もある。なにが入っているのかと段ボールを見ると、10円を入れて回すと出てくるような丸いガムの絵が描いてあり、ガムが大量に入っているということが分かる。

その他にもなぜかタイヤが積まれていたり、乗客の荷物が乗っかっていたりと、荷物だけで満杯になっている状態だった。よくもまあこんなに積んだものだ。

荷物がこんな有様だから、当然、客席にしわ寄せがきていて、人の上に人が乗っていたり、立っている人がいたりと、とても満足に座れる雰囲気ではない。私はどっと疲れた。このバスに半日近く乗らなければならないのだ。

よろよろと人と荷物をかき分け、自分のシートらしきところに向かったが、そこにも人が溢れていて、彼らの上に座る感じになった。

そうして揺られること3時間。

どうやら国境に着いたらしい。

イミグレーションであっさりスタンプを押され、出国の手続きは簡単にすんだ。担当の人も親切でいい人だった。他の乗客もすいすいイミグレを通過している。

これですぐに出発かと思っていると、ここからがまた長かった。

なぜかバスは停車したまま動き出さない。すぐ目の前にはタンザニアの入国のイミグレがあるのにそこまで進まないのだ。

理由は分からず、説明もなかった。乗客はじっと待っている。私もそうするしかないのだろう。

そのまま3時間が経過し、やっとバスがよろよろ進む。その距離100メートルほど。

今度はタンザニアに入国するための手続きを行う。これもまた簡単にすみ、20ドルを払ってビザをゲットした。薄っぺらいノートに陸路による入国者の名前が連なっていたが、私以外に日本人の名はなかった。

これで出発するかと思うと、またしてもここからが長い。

荷物を降ろしていくのだが、なんといってもガムの段ボールの量が多く、それで手間取っているようだ。多分、バスの出発が遅れたのもこのガムのせいだろう。タンザニアのイミグレには、このような状況になることが多いのか、ビリヤード場やレストランやバーなどの施設があった。

私はまた待たされるのかとげんなりしたが、座席の多くを占めていたガムの箱がなくなることで、席にゆとりができるだろうとも思った。

ガムを降ろす作業は1時間半で終了し、本当にいよいよ出発かと思っていると、今度はそのガムの箱をすべて積み直している。

いい加減頭にきたが、他の乗客はのんびりビリヤードで遊んでいたりして、ここでもアフリ

イミグレにあったビリヤード場。
あれだけ待たされるのだから、このような施設も必要かもしれない。

カンタイムを実感。

むしろ怒るというより疲れて呆れてしまう感じだった。こういうときに「ポレ、ポレ」と呟きたくなる気持ちは分かった。

1時間半後、ガムの積み直し作業が終わり、私たちはようやくバスに乗り込み出発となったが、あいかわらず席はぎゅうぎゅうのままだった。

結局、国境には6時間とどまっていたことになり、すでに早朝4時になっている。

次に停まったのがヴィレッジと呼ばれている場所で、どうやらそこはガムの倉庫らしい。これまでの流れを見る限り、バスはどうも人よりもガムの方が大事らしく、ここでも丁寧にバスの荷卸作業が始まった。またかよと溜め息をつきたくなる心境だ。

荷卸作業は3時間続き、周りの乗客は「ここでバスを乗り換える」だの「このまま行ける」だの「明日の夜着く」だの言っていて誰が本当なのか分からない。私ははたして今どこにいて、これから何時間で着くのかも全然分からない。時間の感覚を完全に狂わされたようだった。

しかもバス側からは一切説明がなく、とにかくガムにかかり切りになっているようだ。その上、外は大雨になっている。

これには「ハクナマタタ」のケニア人も我慢の限界にきたらしく、何人かがタクシーで目的地に向かっていった。ケニア人がそのようにする姿を初めて見た。

私もそうしたかったのだが、仲良くなったケニア人女性がいたため、もう少しだけバスに乗っていようと思う。

するとー人の乗客がここがどこなのか調べてきた。それによると「タンガ」という街で、モンバサからもたいして進んでいないということが分かった。

たったこれだけの距離かと涙が出てきそうになる。昨日の6時半から待って待って待って待って、外は大雨だ。

いよいよ無理だということが分かったので仲良くなったケニア人女性と一緒に別のバスに乗り換えることにした。そのバスは予定時刻から3分遅れで出発した。これは奇跡だ。たった3分しか遅れていない。私はやっと安心して眠ることができた。

目を覚ますと乗り換えてから1時間半ほど経っていて、外を見ると、たしかにバスは動いている。しかもスピードが速い。私はそれだけで感動した。やはり動くバスはいい。

## 現地の家に泊まるには

私は世界中でいろんな人の家に泊めてもらっている。その方が現地の生活を肌で感じることができるし、宿泊費も浮かせることができる。それに友達がどんどん増えた方が旅ってものは豊かになると思うのだ。

これまでに現地で会った面白かった家族から、友達の友達、話の面白い男の子、クラブで会った女の子、ありとあらゆるところに泊めてもらってきた。数え切れないほど泊めてもらったにも関わらず、不思議とトラブルは一度もない。

これは自分でも奇跡的なものだと思う。子供の頃「知らない人についていってはいけない」と言われ、旅人になったら「人の家に行くのは危ない」と言われ、それをことごとく破っているのに、危ない目に遭ったことがないのだ。

そのコツはいくつかあると思うが、その中で思いつく限り紹介したい。これはヒッチハイクすることになった場合にも適応できる。

### 1・人の良さそうな家族を探す

これが第一。たまに家族ぐるみの盗難という話もあるが、基本的に家族連れは安全だ。更に現地の家に泊まることができると、奥さんの手料理が食べられたり生活習慣が分かったりと、様々な発見がある。

特に相手が金持ちだと、より安全度は高くなる。むしろゲストとしてもてなされちゃったりすることもあるので非常にお勧めだ。

## 2・金の話をするやつには気をつけろ

「いくら持ってるの？」とか「どれぐらい旅行を続けるの？」「日本でどういう仕事をしているの？　年収はどれぐらいなの？」などという質問をしてくる相手は危ない。自分ではなく、金に関心が向いている相手とは会話もすぐに切り上げた方がいいだろう。

## 3・共通の趣味のある人を探す

本当に仲良くなってしまえば被害を受けることはないから、共通の趣味を持っている人とはうまくやれることが多い。だけど男の子が相手だと、それとは違う欲求があるから、そこは注意しなければならない。

### 4・素性が分かっている人を探す

勤め場所や個人情報が分かっている相手だと、下手なことはできないから比較的安全な場合が多い。特に行き着けのレストランのオーナーと仲良くなっていたりすると、その店の従業員の家に泊まるのは安全っぽい。逆に素性の分からない相手は犯罪目的で近付いてくることが多いので、注意が必要。

### 5・滞在日数をごまかす

怪しそうな人の家に泊まるときに「どれぐらい泊まる？」と聞かれたら、滞在日数をごまかした方がいい。

2日ぐらいお世話になろうと思っていると、私は「3日かな」と答えたりする。犯行に及ぼうとする相手は最終日にやることが多いから、その日を外しておくのだ。1日目2日目で相手がやばそうだと分かったら2日で出てしまえばいい。逆にすごく仲良くなったりしたら、もう少し置いてもらうのもいいかもしれない。

## 6・口説き文句しか知らない男に気をつけろ

そもそも1人で男の子の家に泊まりにいくのもどうかと思うが、旅先ではいろんなことがある。

身を守るために知っておきたいことが1つ。英語をほとんど話せないのに「クレイジー、フォー、ユー」や「アイ、ラブ、ユー」などという甘い言葉しか喋れないやつ、これは明らかに狙っているので、その気がないなら止めておきましょう。

結局、「これで安全」などという法則は存在しない。

自分の判断と勘、それが最も重要になってくる。いくら人がよさそうで金持ちそうな家に招かれたとしても、イヤな予感がしたら、引き返すことも必要だ。そもそもがポーズで騙しているかもしれないからだ。

慎重かつ大胆に、旅の駆け引きを楽しもう。

## 生理旅行

旅をするのに一番いらないもの、それが生理だ。

私は軽いときと重いときがあるが、それがだいたい1ヶ月交代でくる。軽いときは普通に生活できるが、重いときは頭が痛く体が重く、とにかく眠く、おなかも痛い。男の人には分からないと思うが、これこそ旅をする上で最も厄介なものなのだ。

生理によって旅が左右されることがある。

重いときに長距離を移動するなんてまっぴらだし、値切りとか面倒な交渉はしたくない。いつもより血圧が上がった感じでなにをしてもイライラしてしょうがない。生理によってコースを変えなければならなくなったり、イベントへの参加を取り止めたりすることもある。

移動日の予定だったのに、あまりにキツいため「だらだらの日」と命名し、部屋に居続けることもあった。

つい最近の話だが、インドネシアのバリ島でのんびり日焼けをし泳ごうと思っていた。しかし運悪くその日に生理がきたことですべての計画はパーになった。

とても泳ぐ気になれないし、ましてや泳ぐことのできない海を見ているとムカついてしょうがない。

そのため私はすぐに旅行会社に行き、島を変えることにした。購入したのはジャワ島行きのチケット。

ジャワ島にはボロブドゥールとブランパナンという世界遺産が2つあり、それを見ることにしたのだが、ここも生理でトラブルが出てくる。

どうせ行くなら安宿ですませたい、現地の物価で生活したいのだが、生理中ということもあり、大勢が一緒に泊まるドミトリーはどうしても避けたい。

そこでプランを考えると、ブランパナンにはシングルの安宿がなく、ボロブドゥールにはある。しかも遺跡の目の前で移動も楽チンだ。

一番キツい生理2日目はボロブドゥールのシングルの宿を取り、宿から出ずに窓から景色を楽しむことにした。

3日目は少しよくなったのでボロブドゥールの中に入ることができた。ボロブドゥールは素晴らしかったが、生理なのでやはりどこか気が散っているようだ。生理でないときにもう一度きたいと思ってしまう。

この他にも生理に関する苦労は絶えない。

日本の生理用品は薄くて吸収力も抜群だが、リュックにも限りがあるため大量に持っていくわけにはいかない。それでもいくつか持っていくのだが、私の20リットルの極小リュックの中で生理用品のしめる空間は腹立たしくてしょうがない。

しかし現地で買うと、値段や質などに大きな問題がある。

特にアフリカで買ったナプキンはアメリカ製で質はいいのだが、輸入しているため値段が日本の3倍ぐらいする。

かといってタンポンでは「こんなの入れるの?」というぐらい太かったりする。それも日本のもののようにプラスティック製のワンタッチではなく、ボール紙で作られたもので、とても満足に使えない。

ナプキンは国にもよるが、最大で日本製の4倍ぐらいの厚さのものもある。「これっておむつ?」と思ってしまうほどだ。

また場所によっては生理はけがれているものと扱われ、通常なら入ることができる場所への入場を拒まれることもある。インドネシアの寺の入口で、

「生理か?」

と聞かれて、うっかり、

「そうだ」

と答えたことで入場できないこともあった。

こっちはただでさえ生理で気が立っているのに、そんなこと言われてますます頭にくる。私の好きな祭りに参加できないこともあるし、これは男女差別じゃないか。

ハワイでボディーボードをしようとしたときに、このときは生理ではなかったが、一緒に海

に入る人に、

「お前、生理だったらサメが寄ってくるから危ないよ」

とジョークかマジか分からないことを言われたりもした。

とにかく旅をしているときに生理がきたりすると、子宮を縛ってしまいたいと思うことすらある。それぐらい厄介なものなのだ。

だから男性のみなさん、女性がイライラした顔をしているときに、わざわざ喧嘩を売るようなことは言わないようにしましょうね。

## 海外で接するぼったくりと物乞い

旅をしている中で、必ず接するものがある。

1つはぼったくり、もう1つは物乞いだ。ここでは私の考え方を書いてみようと重う。

### ぼったくりいろいろ

旅にぼったくりはつきものなので、いちいち頭にきていたら旅が楽しめない。しかしぼったくろうとするやつの中には、金持ち日本人からぼったくって当然だと思っているやつもいて腹立たしい。

ぼったくられるにしても、その日の気分によって、絶対に認めたくない日とまあいいかと負けてしまう日がある。

バリ島のビーチでぼけーっとサーフィンしている人を見ていると、ツーリスト用の売り子のおばちゃんが集まってきた。髪を細かく三つ編みにしてくれるおばちゃんや、「バティック、バティック」と言ってインドネシアの布を売りにくるおばちゃん、マニキュアを塗ってくれるおばちゃん、とにかくここは売り子に囲まれる場所である。

しかもおばちゃんは口を開くなり、

「日本人優しい」

などと日本語で言ってくるものだから断りづらくなったりもする。

その日、いつものようにおばちゃんたちをあしらっていると、マッサージ屋のおばちゃんがいた。海でマッサージもいいかと思い、ちょっと頼んでみることにした。

値段を聞くと、「フィフティミニッツ、5万ルピー（約700円）」ということだった。値切ると2万ルピーまで下がった。

バリ島のトータルエステはマニキュアからパック、ヘアートリートメントなども込みで、4時間で1200円ぐらいだ。それを考えると、50分で300円というのは妥当な金額だし、ビーチを眺めながらで気持ちよさそうだ。私はおばちゃんにやってもらうことにした。

バリ島のぼったくりマッサージおばさん。
仕事のないときは寝てばかりいる。

マッサージはなかなか上手で、気持ちよくうとうとしていると、おばちゃんの手がぴたりと止まった。どう考えても50分も経っていないのでおばちゃんに聞くと、

「フィフティ（50）じゃなくて、フィフティーン（15）」

と言い張る。

そんなはずはない。たしかにフィフティと言ったのだ。しかしおばちゃんはあくまでフィフティーンと言い張り、これ以上続けるなら延長料金だと主張してくる。

このときはあまりいいことではないのだが、日本円で考えたら安いものだと思い、2万ルピーを払ってしまった。

インドのバラナシから宿までリキシャ（インド風の人力車）で行くことにした。引き手のおじちゃんは人のよさそうなインド人だった。彼は英語が通じなかったが、行き先を告げると、指を2本立てた。私はおじちゃんに、

「ツー・ルピー？　ツー・ルピー？」

と確認すると、おじちゃんは優しい顔で頷く。

私はその値段で行けるならば安いとおじちゃんのリキシャに乗ることにした。インドはぼったくり大国で、その被害も世界一である。リキシャはその中でも悪名高く、何人の旅行者が泣かされてきたか分からない。だから私も乗る前にしつこいぐらい金額をたしかめたのだ。

リキシャは軽快に街を走り、宿の近くに到着した。

リキシャから降りて2ルピーを渡すと、おじちゃんは明らかに不満そうな顔をしている。私はまたいつものように演技だなと思った。ここからだいたいの場合、「私が言ったのはこの金額じゃない」という主張が始まるのだ。

案の定、おじちゃんはもっと寄越せというジェスチャーをしてきた。私はやっぱりと思ったが、このときは払う気はない。気が抜けるバリ島のビーチとは違って、気を抜いたら一気にたかられてしまうインドではイケイケモードになっているのだ。

「NO　NO」

と私は繰り返し、徹底的に戦うつもりだった。しかしおじちゃんも譲らない。もっと寄越せという身振りをし、なんと言っているのか分からないが、たぶん汚い言葉を口にし始めた。

私はあくまで勝気だったので、そのままエキサイトするおっちゃんを置いてリキシャから離れた。バラナシは細い路地が入り組んでいるためリキシャは中まで入ることができない。おっちゃんはまだわめいていたが、私は知ったことかと宿まで帰った。

しかしあとになってよくよく考えてみると、インドの物価でトイレットペーパーが20ルピー、アイス1個が10ルピー、おっちゃんは私を乗せて15分ほど走った。それで2ルピー。

ちょっと待て、これはたしかに安すぎる。周りの宿泊客にも聞いたが「それは20ルピーだよ」とみんな言う。私はぼったくられてたまるかと思っていたあまり、逆におっちゃんからぼったくってしまったのだった。

## 個性豊かな物乞いたち

いろんな人がいるように、いろんな国があるように、物乞いにもいろんな物乞いがいる。よく物乞いは物乞いだとひとまとめにする人もいるが、当然、彼らは1人1人違っているし、お茶目だったり、憎たらしかったりと、とてもまとめることなどできない。

嫌な物乞いっていうのは集団でやってきてつきまとってくるやつらだ。どれだけ振り払っても離れてくれない。

彼らはだいたい騒ぎながらついてくるので、最初3人だったのが5人になり10人になるなんてこともある。1人にあげたら全員にあげなければならないし、こういうときは「ノー　マネー　ノー　マネー」と繰り返し言いながら足早に歩くに限る。

万が一止まってしまったりすると、ヨシとばかりに囲まれ、逃げ出すことが難しくなる。30分もすれば彼らも叫び疲れ、さすがに諦めて帰っていく。

物乞いの中には演技のうまい人も多い。

みんな悲劇のヒーロー、ヒロインを演じている俳優のようなものだ。本当は目が見えるのに見えない振りをする人もいるし、歩けるのに歩けない振りをする人もいる。

歩けなかったはずなのにお金をあげて、うしろを振り返ると屈伸運動をしていたりすることもある。そういうときはかわいそうとかいう感情ではなく、してやられたという気持ちになって笑ってしまう。

インドのコナーラクの寺の前には物乞いの道ができている。

私がその道を歩いていると、両足のないおじいちゃんが猛烈なアピールをしてくる。彼は手振りでメシを食ってないんだということを示し、何度も額に手を当て「バクシーシ」と言ってくる。その表情があまりにも真に迫っていたので、彼の近くまでいくことにした。

しかし彼は左手になにか持っているではないか。

それはかじりかけのバナナだった。このときばかりは私もずっこけそうになった。

おじいちゃん、今の熱演はなんなのさ。

彼は私がバナナに気付いたことを知り、顔をくしゃくしゃにして照れ笑いを浮かべた。どこにも悲劇の香りがしないいい笑顔だった。物乞いは自分をどれだけ悲惨に見せられるかを競っているところもあるから、こっちもそれに騙されてしまうのだ。

中には子供をレンタルするということも行われているらしく、子供を抱いて悲しそうな顔をしている母親が全員子持ちであるとは限らない。悲惨さを増すためにレンタル赤ん坊を抱いているケースもあるのだ。

やむにやまれぬ事情があって物乞いをしている人もいるが、そうではない物乞いも多いのだ。

カルカッタなどでは毎日定時になると、バイトのようにぞろぞろと物乞いが道に並び始める。

それも口にする口実がみんな「この子のミルク代をくれ」で同じなのだ。道に座り始めたばかりの彼らの顔は「さあ、今日も働くか」という雰囲気だったりする。

タイでは物乞いも縄張りごとにマフィアが仕切っているらしく、時間になると、手足のない物乞いをマフィアがかついで定位置に置きにきたりする。彼らなどは完全にサラリーマンのような生活をしている。稼いだ額の何割かをもらえることになっているのだろう。

プリーのフィッシャーマンズビレッジにいる物乞いには足の曲がっている人が多い。なぜかと聞いてみると、水がよくないのと、お金がないためナッツばかりを食べていることで曲がってしまうらしかった。カルカッタやマフィアが仕切るタイなどと比べると、こちらは少し深刻だ。

しかし基本的には明るい人たちが多く、足の悪い子供たちと仲良くなって遊んだりした。軽く扱える問題ではないが、あまり重く見すぎて、彼らを特別なものにしない方がいい。

私がその一角を歩いていると、うしろから勢いよく走ってくるおっちゃんがいた。彼は病気で足の指も手の指も溶けてしまっている。しかし彼は物凄い速さで通りを走り回っているのだ。彼は私の前にきて、素晴らしい笑顔を振りまきながら、抱えている缶を差し出した。

こんな顔をされて、彼にあげないわけにはいかない。お金をあげると、彼は顔中で嬉しそうな顔をした。このような表情をされると、こちらがなにか大事なものをもらったような気がするのは私だけだろうか。

彼らは決して特別な存在ではない。
目を背けるのではなく、接してみることから始まるなにかがあるだろう。

## 強盗対策は難しい

ボリビアのラパスには有名な唾かけ強盗がいる。

1人のメンバーが唾を吐きかけ、別のメンバーがそれを拭いているうちに、大勢のメンバーが集まってきてポケットをあさるやり方だ。

国や地方によってはケチャップ強盗やチョコレート強盗、アイスクリーム強盗などもある。あまりに有名になっているから引っかからないと思いがちだが、実際にやられてみると、何人かに取り囲まれてあっという間にやられてしまうことも多い。しかもラパスは標高が3000メートル近くあるから、空気が薄くて思考力も行動力も衰えている。

対処法は1つ、かけられたらただちに逃げることだ。

私もこの唾かけ強盗には毎日のように遭った。

道を歩いていると、インディヘナのおばちゃんが、ぴゅっと唾を吐きかけてくる。周りにいたおばちゃんたちはそれまでは無関心だったが、唾がかけられた瞬間、「あなた大丈夫?」と寄ってくる。4、5人で1組になっているようだ。

おばちゃんの中には唾を拭いている人もいるのだが、他の人たちはものをあさろうとしてくる。おばちゃんたちは怖い感じではなく、ほのぼのとしていてとても強盗などには見えない。

私の服装も悪かったのだと思う。私はラパスで買ったセーターや帽子などを着ていたのだ。

このような格好をしていればお気楽な旅行者に思われてもしかたがない。というのも、ブラジルからラパス入りしたばかりで、寒いところに適した洋服を持っておらず、現地で買う羽目になったのだ。強盗にしてみれば狙ってくださいと言わんばかりだ。

最初は「これって噂の？」と焦ったものの、何回か唾をかけられるようになると、とりあえず走っておけばいいと分かったので、それほど恐ろしくはなかった。滞在中の被害もなかった。

しかし被害はないといっても、唾をかけられているのは間違いないのだから、気持ちいいものじゃない。対処法が分かっているのに、唾をかけまくられることになる。またかよ、がっかりだよと思うしかない。

ボリビアで唾かけ強盗に遭ったあと、私はペルー入りした。一般的にはペルーの方が治安が悪いと言われているので、注意しなければと気を張り詰めていた。

ペルーではクスコに滞在したが、ここにはワイヤー強盗が多発しているらしい。

ワイヤー強盗というのはうしろからワイヤーを首に巻きつけ締め上げることで気絶させ、その隙に身包みはいで持っていってしまうやり方だ。

マネーベルトのありかも知っているから、全部盗られるし、喉が一時的に潰れるため2、3日喋ることができなくなる。唾かけ強盗のおばちゃんたちは可愛いものだが、ワイヤー強盗は危険極まりないやつらなのだ。

しかもフジモリ大統領が亡命していたり戦争が始まったりと日本に対する印象が悪い時期だったので、より日本人は狙われやすくなっていた。

街のいたるところに危険地帯があり、宿に帰るときはそれを避けなければならない。しかも酒を飲んでいたりすると、無防備だし、ひとたまりもない。

私の泊まっていた「ユースホステルインターナショナル」は安全だったが、その近くにある「ペンション八幡」と「ペンション花田」の近辺は危なかった。

実際に日本人の男3人組がやられて、身包みはがされたというから、こちらとしても手のうちようがない。男3人でやられたらどんな相手でもやられるだろう。その男の子たちはパンツ一丁で日本大使館に駆け込んだという。

特に注意すべきポイントはペンションのドアの前で、呼び鈴を押してオーナーにドアを開けてもらうのを待っている間に、うしろから強盗が現れてやられる。

しかも一方のペンションで犯行を繰り返し、警備のために警官が立つようになると、もう一方のペンションに移動したりするから、少し前まで安全だからといっていつまでもそうとは限らない。

日本人宿だから気兼ねなく泊まれるし、情報もある。言葉や食事など利点も多いのだが、クスコに限っていえば、日本人宿を避けてユースホステルを選んだ方が賢明かもしれない。

## 現地で金を作るには

旅行していてお金がなくなることがある。または暇で暇でしょうがないこともある。そういうときには現地でお金を稼ぐのも面白い。

日本人ならではの商売として「漢字屋」をやった。

今までいろんな国の人たちと会ったが、彼らは漢字で自分の名前を書いてもらいたがることが多い。漢字は形もカッコいいし、神秘的に見えるらしい。

そこで漢字屋をブラジルでやってみることにした。必要な道具は日本で買った筆ペンとスケッチブックだけだ。料金は100円程度。

人が集まるところに行き、露天を出している人に声をかける。商売をするときは必ず縄張りに気をつけなければならない。あとあと面倒な問題が起こるかもしれないからだ。露天の人に声をかけて、場所代を誰に払えばいいのかということを教えてもらう。「漢字屋をやりたい」と言うと、面白がってくれて場所代は免除されることが多かった。

道端に英語とポルトガル語と日本語で「あなたの名前を日本語で書きます」と書いた紙を置き、あとはその前に座っているだけだ。日本人で目立つということもあるし、みんな、なにをやってんのかという感じで近寄ってくる。

たとえば、「ＩＳＩＳ（イジーズ）」という女の子がやってきた。

私は「い」で思いつく漢字をスケッチブックに「位」「意」「射」「医」「井」「囲」と書き、それぞれの意味を教えてあげる。こっちもポルトガル語を覚える練習にもなるし一石二鳥だ。

イジーズはその中から「意」を選び、他の漢字についても「自」「素」を選んだ。「意自素」になる。

彼らは真剣に意味を考えるから、なかなか深い意味合いの名前ができることが多い。

他に「アウドレー」を「亜宇土冷」、「ダニエル」を「多仁恵留」、「アルフレディ」を「亜留富麗里衣」にしたりする。「フランシスコ」のときは腐乱死が思わず浮かんだが、さすがにそれを勧めるわけにはいかないので「富乱使素個」にした。

ブラジル人は漢字の角張っているところが好きらしく、書いてあげると非常に嬉しそうな顔をして帰っていくので、こっちも張り合いがある。

1日やっていると10人ぐらいくるから、それだけでなんとか生活できる。

日本人なら誰でもできる商売だから、旅先でどうしようもなくなったらやってみるといいかもしれない。ちなみにインドでやったこともあるが、インドは中国嫌いで全然商売にならなかった。

その他にも自分で作ったアクセサリーを旅しながら売っている旅行者も大勢いる。

日本の路上などでもよく店を出しているが、彼らは行く国々で取れるビーズや石などを加工

これが漢字屋のすべて。

マークスとイジーズ。

しアクセサリーを作り、物価の高い日本でそれを売って資金を溜めてまた旅に出るのだ。彼らこそが本物の旅行者と言ってもいいだろう。

私の知り合いでも、トンボ玉を求めてアフリカまで足を伸ばした日本人がいる。トンボ玉はアフリカの人々が奴隷として売り買いされていたときに、ビーズ1個と奴隷1人が交換されたという歴史のあるものだ。現地の人にとってみれば、うちの父ちゃんはこのトンボ玉になった、という思い入れがあり、金額では表現できない価値がある。

このような歴史を持つトンボ玉はアクセサリーとして人気が高く、コレクターの中ではとんでもない高値がつけられていたりする。

アンバーという木の樹脂が固まったものも人気が高い。琥珀のようなもので、中に虫が入っていたりすると非常に高額になる。偽物を売っている人も多いので気をつけなければならないが、見極め方として、本物はこすると松脂の匂いがするが、偽物は化学製品のような匂いがする。

特に気合いが入っている知人は、純銀を塊で買ってそれをアクセサリーに加工している。しかし銀を溶かす物質は相当有毒で、日本では許可のない使用は禁止されている。彼は日本人であるが、もちろん無許可でやっている。私たちの仲間の間で彼は「危ないガスを持つ男」と認知されている。

## 変わりゆくカオサン

カオサンロードはタイの安宿街でバックパッカー御用達になっている。私も旅行資金がなくなるとカオサンに寄って、そこでタイ人と一緒にアクセサリーを作ったり、露天で店を出したりして働くことがあった。

愛着のあるカオサンだが、バックパッカーが溢れたことで物価が高くなったり、トラブルが増えたりと問題も多くなっているようだ。

私はいつも「NAT」という宿に泊まっている。

ここは97年に初めてカオサンに行ったときからずっと泊まっているゲストハウスだ。昔は2階にシングルルームがあったのだが、今は2階がインターネットカフェになっていたりして、この宿を愛する者としては寂しくもあったりする。

2001年、NATに泊まっていると、頭から血を流している白人の宿泊客が戻ってきた。どうやら1本奥に入ったところにあるレゲエパブの側で中国系のマフィアに取り囲まれてものを盗られたらしかった。

そのときに抵抗したのかは分からないが、頭に傷まで負っている。その傷は結構深くて、頭の半分が血だらけになっていた。彼はそのことが頭にきてしょうがないらしく、メチャメチャ怒っていて、それが一層出血を激しくしているようだ。

あとから聞いた話によるとドラッグ絡みの揉め事が原因だったらしく、私はあまりこの問題に関わらない方がいいと思った。いつ自分が被害に遭うか分からないからだ。彼はパスポートも現金もすべて盗まれ、大使館に駆け込んだが、身分証明書がないため実家から送金してもらっても、それを受け取ることが困難だったようだ。

カオサンはこのようにドラッグ絡みの事件が絶えない。

タイで麻薬は重罪なため警察に見付かると、ワイロを要求されたり、それが払えないと刑務所に容赦なく入れられるが、麻薬好きはそんなことおかまいなくやるのだ。

つい最近、聞いた話だが、カオサンのバーで捕まった日本人は日本円で60万を払って釈放されたという。もし払わなかったら5年は刑務所に入らなければならなかったというから、ここでやりたい人は充分に気をつけた方がいいだろう。

カオサンでは黒人は嫌われているが、その理由は黒人の中に売人がいるからだ。彼らはいつも2、3人でつるんで女の子をナンパしているだけで、実際に売っているところを見たことはないが、現地のタイ人はみな「売っているからイヤだ」と言う。

そのせいでドラッグとはなんの関係もない黒人がカオサンで冷たくされることもあり、しょんぼりしている彼らの姿を見ることもある。彼らはどうして冷たくされるか分かっておらず、真剣に悩んでいるのだ。

## 私のバッグの中身

私が旅で使っているリュックサックは20リットルの極小サイズだ。これは旅人の中でも極端に小さいほうだ。旅先で会った人に「どれぐらい旅行するの？」と聞かれ「3ヶ月」と答えると、「こんな小さなバッグで！」と驚かれる。

旅で知り合ったドイツの女の子は鍋まで持ち歩いていたので、荷物の量は私の3倍ぐらいだった。彼女は私のバッグの小ささに驚き、「あれはないの？」と自分の持っているものを例に出して聞いてくる。彼女が持っているもので私が持っていたものはとても少なく、彼女はそのことに関心すると同時に「たくましすぎる」と呆れたようだった。

私のバッグの中身（身に着けているもの含む）を公開すると、

下着（下：レースの下着2着、上：肩紐なしのブラジャー1着）、水着上下、薄手の布、キャミソール2着、すぐ乾く薄手の長袖のシャツ、ジーパン、サンダル、ウォークマン、テープ4本（1本は空テープ）、ハンドサイズの懐中電灯、フェイスタオル、カメラ3台（フィルムは現地調達）、シャンプー、リンス、石鹸、歯ブラシ、歯磨き粉、生理用品、ノート、ペン、スケジュール帳、文庫本2冊、パスポート、剃刀、爪切り、薬（頭痛薬、風邪薬、下痢止め、虫除け、かゆみ止め)、日焼けオイル、ミニハンガー、ワイヤー鍵、南京錠2個、日本製500ミリリットルのペットボトル、ポケットティッシュ大量、ライター大量、ガムテープぐらいのものだ。

必要最低限だが、これだけあれば余裕だと思っている。

旅慣れていない女性旅行者だと、なに持ってるんだよと思うほど大きな荷物を抱えている人もいるし、それがたった1週間の旅行だったりするから、私の方がびっくりしたりする。なるべく身軽な方が体に負担もかからないし、トラブルにも巻き込まれにくい。

よくあるトラブルでバッグごと盗まれるというものがある。これはいくつもバッグを持っている人が飛行機やバスに乗る際に大きなバッグを預け、それを盗まれるというやつだ。私はそもそも1つのリュックしか持っていないから、その心配はない。

空港の荷物受け取り場で、自分の荷物が出てこないと慌てている旅行者に会うことがあるが、その解決法として一番いいのは次から荷物を減らし、すべてのものを自分の目の届くところに置いておくことだろう。

ここで私の持ち物の中から、変わった使い方や工夫のできるものを紹介したい。

私は体を洗うためのタオルを持っていかない。その代わりに使うのがレースの下着だ。下着の中でレースのものを選んでいるのには2つの理由がある。1つは泡立ちが非常にいいこと、もう1つはとても乾きやすいことだ。これで体は洗えるし、同時に下着の洗濯にもなるし、あと勝負パンツにもなる。

水着の下はデニム柄のショートパンツタイプを選んでいる。そもそも持っていく洋服の少ない私だから、普段着として着用できるものを持っていくのだ。この水着はショートパンツっぽく履くことができ重宝している。

ジーパンは脛ぐらいまでの長さのものを選ぶ。これはゲストハウスのシャワールームや雨上がりの道などで裾が地面について絶対に濡れないようにだ。濡れたものを身に着けるのはそれだけでとても疲れるが、ズボンはかさばるため余分に持っていきたくない。だから脛までの長さのジーパン1本で旅の間通すのだ。

薄手の布はタイやバリで売っているバティックと呼ばれるもので、これは様々な使い方ができる。腰に巻けばスカートになるし、羽織ってショールとして使うこともできる。体に巻きつけて服にすることもできるし、ゲストハウスではシーツとして活躍する。風呂敷にだってなる。1つの布をこれだけ使い切るのは日本ではなかなかないが、旅先では布のすごさを実感するのだ。

音楽は欠かせないのでウォークマンを持っていく。空テープを1本入れるのはそれによって現地の人と交流ができるからだ。ウォークマンが珍しい国では相手の声を録音して聞かせるだけで大喜びしてくれるし、現地のライブや波の音、子供たちの声などを録っておけば、それが立派な旅の記録になる。

カメラは3台持っていく。これは盗まれたり壊れたりしてもいいようにだ。それにお金に困ったときに売ってもいい。フィルムはかさばるので現地調達する。撮ったあとのフィルムを持ち歩くのは大変なので、すぐに現地で現像し、日本の友達のところに送る。現地のアルバムはその地方独特の味が出ていて、それだけで旅の雰囲気を味わわせてくれる。

日焼けオイルは暑い地方に行くときは必須。私は乾燥肌なのにかさばる乳液や化粧水は旅先に持っていかない。その代わりに、とりあえず塗っておくか、と日焼けオイルを塗っている。オイルさえ塗っておけば保湿はされるし、そもそも塗るものなのだから肌に悪いはずがない。あくまで自己流で友達の多くは、肌が荒れそうと言うが、これも小さな荷物で旅をする1つの方法だ。

ワイヤー鍵はもちろん盗難防止で荷物をくくりつけるために使うが、その他にも伸ばして洗濯物干しとして使うこともできる。

日本製500ミリリットルのペットボトルも旅先では重要。日本のペットボトルは非常に固くて少し落としたぐらいでは問題ないが、国によってはぺろぺろに薄くて、ちょっと衝撃を与えただけで割れてしまいそうだ。中にはふにゃふにゃすぎてテーブルに立たず、倒れてしまうものすらある。また、国によってはそもそもペットボトルがなく、ビニールパックのようなものに水を入れて売っているところもある。それらを持ち歩くのは不安なので、飲み物を購入したら必ず日本製の丈夫なペットボトルに移し変えることにしている。

ガムテープは日本に手紙や写真を送る際に現地の薄くてすぐに破れそうな封筒を補強したり、宿などで貴重品を隠すときにも使う。宿に泊まっているとき、貴重品の隠し場所には苦労するものだが、私はガムテープを活用している。トラベラーズチェックや現金を小分けし封筒に入れ、それをベッドや机の裏などにガムテープで貼りつけておく。強盗が入ったとしてもガムテープの下に貴重品があるとは思わないだろう。これが成功しているかどうか分からないが、今まで宿で盗難に遭ったことは一度もない。

こう見ていくと、荷物というものは工夫次第でどこまでも減らしていくことができるのだと思う。そのため私のリュックは周りに驚かれるほど小さいのだ。

この間、コスタリカに行ったとき、私の極小リュックは思わぬ活躍をした。

そのときはドミに泊まっていたのだが、私以外の宿泊客は全員、貴重品を泥棒に盗まれてしまった。泥棒は貴重品入れの鍵を壊し、中身を盗んでいったのだ。宿泊客が「やられた……」と真っ青な顔をしている中、私だけはなにも盗まれなかった。なにがよかったかといえば、貴重品入れにリュックごと突っ込んでいたことだろう。リュックにも鍵をしていたことから、泥棒が「壊すのは面倒だ」と思い、放置していったと考えられる。そんなことをしていたのはもちろん私だけだ。他の宿泊客のリュックは大きくて、とても貴重品入れには収まらない。

リュックの縮小化を常に考えている私にとっては、してやったりの出来事だった。

# あとがき

私は担当編集のMさんと一緒に、この本の原稿の手直しをしていた。

22時頃、携帯電話が鳴った。ディスプレイを見ると、ジャマイカの友人カークからだった。

これには私も驚いた。ちょうど、ジャマイカの原稿をチェックしているときだったからだ。電話に出ると、カークは言った。

「そっちはどうよ？　元気か？」

彼はジャマイカの首都キングストンにいた。たいした用事はなかったらしく、他愛もない話を10分ほどした。カークの彼女の話や私が個人事務所を作った話などだ。

その後、電話を切って原稿のチェックに戻った。

順調に作業をしていると、また私の電話が鳴った。これまたジャマイカ人の友人からだった。

彼の名はロバートといい、あのボブ・マーリィの息子である。ロバートは音楽イベントの公演のために来日し、数日前まで私と一緒にいたのだ。電話に出ると、ロバートは言った。

「今、マイアミに着いたよ。こっちは寒いよ」

「早くジャマイカに着くといいね」

「そうだねー。オカマイイは次、いつジャマイカくるの？」

「なるべく早く行く。そのときはまた連絡するね」

ここでも他愛もない話をして電話を切った。そのやり取りを聞いてMさんが笑っていた。

「オカマイ、人気者じゃん。でも連続でジャマイカの友達から電話かかってくるってスゴいね」

「ジャマイカいるときは毎日こんな感じだよ」

これは本当で、ジャマイカにいると嘘のようなことが毎日のように起こる。

その後、再び仕事に戻り、原稿のチェックは終了した。Mさんはまだ仕事があるが、私は本ができてくるのを待つだけになった。

私はノートパソコンを立ち上げてメールチェックをした。すると新着メールがきていた。その差出人を見て思わず笑ってしまった。さっき話したばかりのロバートだったからだ。

「いくつか俺の詩を送るから読んでみてくれ」

そんな文面で始まり、そこにはロバートからの詩が書かれていた。といっても恋愛のようなものではなく、彼の音楽や生き方に対しての決意表明のような内容だった。読んでいるうちに私も胸が熱くなってきた。自分の本ができあがるのが、これほど楽しみに思ったことはない。本ができたら、今度、ジャマイカに行くとき、カークとロバートに持っていこう。

旅先で知り合った人との関係はこうして続いていく。そう考えると、旅っていうのは飛行機で海外に行くことだけを指しているんじゃないという気がしてくる。同じ時間や気持ちを仲間と共有すること、そういう日常のすべてが大きな旅のように思えるのだ。

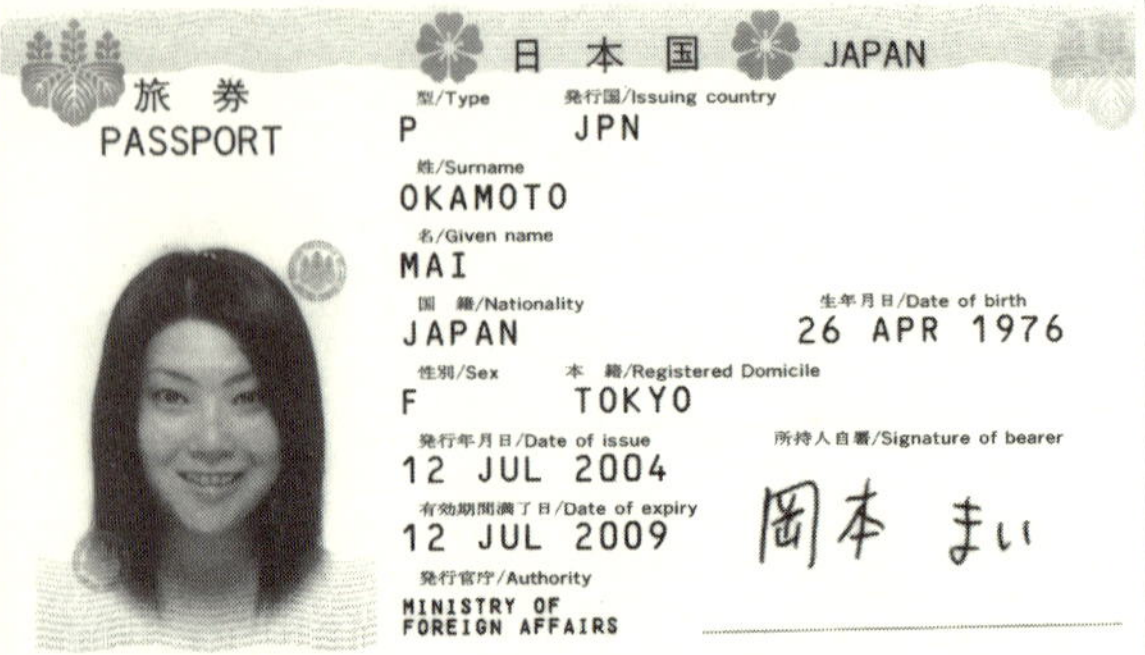


著者プロフィール：岡本まい。1976年4月26日生まれ。横浜出身。通称オカマイ。フリーの雑誌編集、グラビアのコーディネーター。日本と海外を行ったり来たりする生活を送っている。基本的に暑い国に行くことが多いため、1年中真っ黒。これまでに訪れた国は30以上。これからどんどん増える予定。
「Warp」「Spectator」「week ender」「hands」などで連載中。レゲエ好き、常夏好き、人間好き、自然好き。
著者ブログ「オカマイ日記」http://plaza.rakuten.co.jp/okamai

# 「危ない」世界の歩き方

平成18年5月25日　第1刷
平成24年1月30日　第7刷

著　者　岡本《おかもと》まい

発行人　野村喜久

発行所　株式会社　彩図社《さいずしゃ》
東京都豊島区南大塚3-29-9
中野ビル　〒170-0005
TEL:03-5985-8213
FAX:03-5985-8224
郵便振替　00100-9-722068

印刷所　新灯印刷株式会社

 ISBN978-4-88392-541-4 C0126


この作品は平成15年10月彩図社より「女ひとり世界危険地帯を行く」として刊行されたものを、大幅に加筆・修正し、文庫化したものです。